참 사랑스러운 이야기

Parábolas de Amor

Darlei Zanon

© PAULUS Editora, 2015
Korean translation copyright © 2017 by ST PAULS, Seoul, Korea

인생 예화 3
참 사랑스러운 이야기

초판 발행일 2017. 12. 15
1판 2쇄 2023. 3. 28

글쓴이 다를레이 자농
옮긴이 김동주 수사
펴낸이 서영주

펴낸곳 성바오로
출판등록 7-93호 1992. 10. 6
주소 서울특별시 강북구 오현로7길 20(미아동)

취급처 성바오로보급소 **전화** 944-8300, 986-1361
팩스 986-1365 **통신판매** 945-2972
E-mail bookclub@paolo.net
인터넷 서점 www.paolo.kr · www.facebook.com/stpaulskr

책값은 뒤표지에 있습니다.
ISBN 978-89-8015-903-1
교회인가 서울대교구 2017. 6. 13 SSP 1055

• 이 도서의 국립중앙도서관 출판시도서목록(CIP)은 서지정보유통지원시스템 홈페이지 (http://seoji.nl.go.kr)와 국가자료공동목록시스템(http://www.nl.go.kr/kolisnet)에서 이용하실 수 있습니다. (CIP제어번호 : CIP2017033151)

• 이 책은 저작권법의 보호를 받으므로 무단전재와 무단복제를 금합니다.
이 책 내용의 전부 또는 일부를 재사용하려면 반드시 저작권자와 성바오로출판사의 동의를 얻어야 합니다.

인생 예화 3

참
사랑스러운
이야기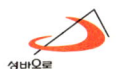

다를레이 자농 글 김동주 수사 옮김

차례

아들 *7*

마음의 문 *21*

5분만 더 *29*

가장 아름다운 심장 *37*

귀한 꽃 *47*

사랑하라 *55*

완벽한 여자 *63*

참된 사랑 *69*

사랑 배우기 *77*

균형의 비밀 *85*

마음과 마음의 거리 *93*

완벽한 벌집 *101*

알츠하이머병 아내 *109*

사랑의 크기 *115*

청년과 사랑 *121*

왕의 후계자 *129*

사랑의 노래 *139*

빨간 일기장 *151*

군인 *169*

아들

아랍에 유수프라는 부자가 살고 있었다. 유수프에게는 아내 야스민과 아들 이브라힘이 있었는데, 그들 가족은 특별한 취미에 흠뻑 빠져 있었다. 그것은 다름이 아니라, 가치가 올라갈 만한 예술 작품을 사들여 재산을 불리는 일이었다. 온 식구가 모여서 자신들이 사들인 20세기의 천재 화가 피카소의 그림이며 르네상스 시대 라파엘로의 작품의 가격이 얼마나 올랐는지를 자랑하며 이야기하는 것을 즐길 정도였으니 말이다.

그런데 이브라힘은 나이가 들자 값비싼 예술 작품보다 세상에 대한 호기심이 더 커졌다. 많은 사람을 만나고 여러 가지 경험을 쌓고 싶어 했다. 결국 이브라힘은 부모의 반대에도 불구하고, 집에서 멀리 떨어진 도시의 대학에 진학하며 세상 밖으로 나가는 길을 선택했다. 유수프와 야스민은 아들과 따로 살기를 원치 않았지만, 자신들의 아들을 굳게 믿고 있었기에 그의 미래를 위해 독립을 허락하기로 마음먹었다.

  하지만 얼마 지나지 않아 부부에게 감당할 수 없는 큰 시련이 닥쳤다. 이브라힘은 다니던 대학 총기 난사 사건으로 여자 친구를 구하려다 목숨을 잃었다. 사랑하는 아들을 잃은 부부는 깊은 슬픔에 빠졌다.

  유수프와 야스민은 아들의 죽음이 믿기지 않아 방황하며 고통 속에서 헤어나지 못했다. 아무리 시간이 흘러도 부부의 괴로움은 가시지 않았고 그저 우두커니 앉아 멍하니 하루를 보내는 날들이 이어졌다.

  그러던 어느 날 뜻밖의 손님이 찾아왔다. 현관문을 두드리는 소리에 유수프는 힘없이 앉아 있는 야스민을 대신해 문을 열었다. 그의 눈앞에는 한 여학생이 스케치북을 들고 서 있었다. 의아해하는 유수프를 보며 여학생은 슬픔에 잠긴 목소리로 조심스레 말을 건넸다.

  "아저씨는 제가 누군지 잘 모르실 겁니다. 저는 자

밀라라고 합니다. 이브라힘 여자 친구예요. 이브라힘은 용감한 친구였어요. 총기 사건이 벌어지자마자 저와 다른 친구들에게 위험을 알렸고, 저를 구하려다 총을 맞고 말았어요. 이브라힘은 항상 가족을 사랑한다고 말했어요. 자기 가족이 예술품에 대한 애정과 관심이 얼마나 높은지도 자랑하곤 했지요."

그러던 자밀라는 갑작스레 무엇인가 생각이 난 듯 스케치북을 유수프에게 건네며 계속 말했다.

"아참! 제가 이렇게 찾아온 이유는 이 스케치북을 전해 드리기 위해서예요. 저는 유명한 화가도 아니고, 제가 그린 이 그림이 대단한 작품도 아니지만, 두 분께서 받아 주신다면 틀림없이 하늘에 있는 이브라힘이 좋아할 거예요."

유수프는 천천히 스케치북을 열어 보았다. 그림을 본 순간 유수프의 눈동자가 떨렸다. 그의 볼에 어느새 눈물이 흘렀다. 자밀라가 건네준 그림은 다름 아닌 이브라힘의 생전 모습을 담은 초상화였다. 이브라힘이 그를 바라보며 환하게 웃고 있었다. 유수프는 뛰어난 예술가의 걸작을 감상하듯 감명 깊은 표정으로 아들의 모습을 오래도록 눈에 담았다. 자밀라의 그림은 이브라힘의 순수하고 따뜻한 아름다운 내면까지 고스란히 담아내고 있었다. 아직 어린 여학생이 그런 섬세한 모습까지 표현해 냈다는 것이 놀라웠다. 유수프는 재빨리 스케치북을 가져가 아내 야스민에게 보여 주었다. 야스민은 스케치북의 그림을 천천히 살피더니 떨리는 손으로 조심스레 매만졌다. 그러다 결국 그녀는 스케치북을 꼭 끌어안은 채 얼굴을 파묻고 흐느꼈다. 언제나 다정한 눈빛으로 웃어 주던 아들이 살아온 것처럼 느껴졌기 때문이다. 유수프가 자밀라에게 감사의 말을 건네자, 그녀는 고개를 저으며 이야기했다.

"아니에요! 이브라힘이 저에게 주었던 사랑과 기쁨에 비하면 이런 건 아무것도 아닌걸요. 그에게 조금이라도 보답하려고 진심을 다해 그렸을 뿐이에요."

유수프는 이브라힘의 초상화를 유명 예술가의 작품

들 사이 가장 잘 보이는 곳에 걸었다. 초상화 덕에 살아갈 기운을 얻은 부부는 손님들이 찾아올 때마다 제일 먼저 이브라힘의 초상화를 자랑하며 보여 주었고, 그 다음으로 피카소나 라파엘로 같은 유명 예술가의 작품들을 보여 주었다.

세월이 흘러 유수프는 나이가 들어 세상을 떠났고, 그가 수집한 예술품들이 경매에 나오게 되었다. 경매 시간이 다가오자 이름깨나 알려진 미술품 수집가들이 모여들었다. 유수프의 예술품들을 사기 위해서였다.

드디어 경매가 시작되었다. 많은 예술품 가운데 가장 처음 공개된 것은 유수프의 아들 이브라힘을 그린 '아들'이라는 작품이었다. 경매사가 첫 물품이 나왔음을 알리며 경쾌하게 망치를 두드렸다.

"처음 올릴 작품은 '아들'이라는 그림입니다. 그림 경매를 시작하도록 하겠습니다! 어느 분이 먼저 응찰하시겠습니까? 이 그림의 호가를 말씀해 주십시오!"

알 수 없는 긴 침묵이 무겁게 흘렀다. 사람들은 서

로 눈치를 보며 아무 말도 하지 않았다. 그때 경매장 구석에서 누군가 소리를 질렀다.

"그딴 거 말고 유명 화가들의 작품을 경매에 올리시오! 그런 그림을 누가 사겠소!"

하지만 경매사는 계속 말을 이었다.

"'아들'이라는 작품을 사실 분 안 계십니까? 그럼 이백만 원부터 시작하겠습니다. 자, 이백만 원!"

사람들은 술렁이기 시작했고 또 다른 이가 불만 섞인 큰 목소리로 말했다.

"우리가 낙서 따위나 사려고 귀한 시간 내서 여기까지 온 것 같소? 반 고흐나 피카소의 작품을 경매에 올려 달란 말이오!"

그러나 경매사는 뜻을 굽히지 않고 꿋꿋이 경매를 이어갔다.

"누가 이 '아들'이란 작품을 사시겠습니까? 이 작품을 사실 분이 안 계십니까?"

그때 구석에서 경매를 지켜보던 허름한 차림을 한

사내가 조용한 목소리로 말했다.

"이… 이백만 원!"

그 사내의 말에 다른 사람들이 그를 비웃었다.

"저 따위 작품에 이백만 원이라니! 정말 보는 눈이 없구먼. 나라면 그냥 줘도 사양할 텐데 말이야!"

"누가 저런 자를 경매장에 들인 것이오. 당장 내쫓으시오!"

그 허름한 차림의 사내는 다름 아닌 유수프의 집에서 오랫동안 일하다 그만둔 정원사 푸아드였다. 퇴직 후 쓸쓸히 늙어 가던 푸아드에게 남은 재산이라고는 수중에 있는 이백만 원이 전부였다. 그는 지난 시절 언제나 자신을 가족처럼 다정하게 대해 주던 이브라힘을 생각하며 전 재산을 주고 그림을 사기로 마음먹었다. 푸아드의 눈에는 아직도 정원에서 뛰놀던 어린 이브라힘의 모습이 선했다.

"이백만 원 나왔습니다. 혹시 삼백만 원에 사실 분 안 계십니까? 이 그림을 사실 다른 분이 정말 없습니까?"

경매사의 목소리가 점점 커지고 있었다. 사람들은 이미 짜증으로 가득 찬 표정으로 불만스레 경매사의 행동을 바라보고 있었다. 그들은 유수프의 예술품을 사러 오긴 했지만, '아들'이라는 그림에는 전혀 관심이 없었고, 오로지 돈이 될 만한 유명한 예술가들의 작품들에만 온 신경을 집중하고 있었다. 그리고 그것들을 사서 얼마나 더 비싼 값에 팔 수 있을까 하는 것만이 그들의 관심사였다. 결국 경매사는 망치를 두드리며 선언했다.

"자! 이렇게 해서 유수프 님의 '아들'을 비롯한 그의 모든 예술품들은 푸아드 님께 이백만 원에 낙찰되었습니다!"

경매사의 말에 사람들이 놀라 웅성거리기 시작했다.

"이백만 원에 모든 예술품들이 낙찰되다니 그게 무슨 소리요? 장난치지 말고 어서 다른 작품들을 보여 주시오!"

"그렇소! 나는 피카소의 작품을 사기 위해 지구를

반 바퀴나 돌아서 찾아왔단 말이오."

순식간에 경매장은 항의하는 사람들로 아수라장이 되었다. 그러자 경매사가 진중한 목소리로 말했다.

"신사 숙녀 여러분! 죄송하지만, 이것으로 오늘의 경매는 모두 끝났습니다."

사람들이 어안이 벙벙한 표정으로 경매사를 바라보자 그가 차분히 이야기하기 시작했다.

"사실 경매를 시작하기 전 야스민 님께서 제게 부탁을 하셨습니다. 이번 경매에 한 작품만 내놓으라고 말입니다. 두 분이 아끼던 작품, 즉 유수프 님과 야스민 님이 가진 최고의 예술품이자 보물인 '아들'이라는 그림의 진가를 알아보고 구매하는 분께 유수프 님의 모든 예술 작품을 상속하라고 하셨습니다. 이제 이해하셨습니까?"

생각 넓히기

오늘날 많은 현대인들은 물질적인 것에만 집착하고 눈에 보이지 않는 영성적 가치는 외면하는 경우가 정말 많은 것 같습니다. 진정한 부란 무엇일까요? 부는 단지 돈과 권력 같은 세속의 물질적 가치에만 존재하는 것이 아닙니다. 사랑·가족·우정·믿음·배려·신뢰 등 우리 마음 속 가치들에 더 많은 풍요로움이 존재합니다. 이 이야기는 우리에게 사랑과 가족의 의미를 다시 한 번 생각하게 합니다. 사랑은 우리에게 살아갈 힘을 주며 생명을 선사합니다. 유수프가 이브라힘에게 준 신뢰, 자밀라가 이브라힘에게 준 사랑, 정원사가 유수프에게 준 믿음이 곧 사랑이며 생명입니다.

우리는 주위의 소중한 이들에게 사랑을 표현하지 못하고 아까운 시간을 허비할 때가 있습니다. 지나간 시간은 다시 돌아오지 않습니다. 더 늦기 전에 표현하십시오.

때를 놓치지 마십시오. 바로 지금이 여러분 곁에 있는 부모, 아내와 남편, 그리고 자녀들에게 말로, 행동으로 사랑을 표현하고 실천할 때입니다.

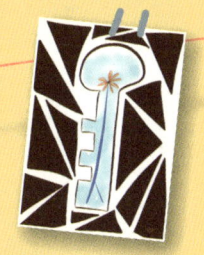

마음의 문

그리스도인들에게 잘 알려진 19세기 영국 화가 윌리엄 홀먼 헌트의 '등불을 든 그리스도'라는 그림에는 흥미로운 일화가 있다. 한 손에 등불을 들고 문을 두드리고 계신 예수님의 모습이 자못 거룩해 보이는 이 성화는 신비스럽고 화려한, 정교한 화풍이 돋보인다. 그런데 이 그림을 자세히 살펴보면 이 집 문에는 손잡이나 아무런 잠금장치가 그려져 있지 않다. 그것을 이상하게 여긴 사람들이 성화를 그린 화가에게 따져 물었다.

"화가 양반! 큰 실수를 한 거 같아 내가 이야기해 주는데, 이 성화에는 큰 결함이 있소! 문에 손잡이나 잠금장치가 없구려. 다른 이들이 보기 전에 얼른 고치시오."

사람들의 이야기에 화가는 밝은 미소를 지으며 대답했다.

"이 집 문에는 그런 장치가 필요하지 않아서 그려 넣지 않았습니다!"

화가의 말에 의문을 가진 사람들이 되물었다.

"필요하지 않다니 그게 무슨 말이요? 참으로 이상한 말을 다 하는구려."

그러자 화가는 다시 말했다.

"그 문은 잠겨 있지 않습니다. 열고자 하는 이들이 원하면 언제든지 열리는 문입니다. 문으로 우리의 마음가짐을 표현했습니다. 예수님이나 다른 사람이 내 마음의 문을 두드릴 때 언제든지 들어올 수 있도록 기다리고 있기 때문입니다."

요즘 우리 사회는 '가슴이 없고 머리만 있는 것 같다.' '마음이 돌같이 굳어 사랑이 없다.' '영혼이 없는 사람 같다.' 등 삭막해진 현실을 반영하는 말들이 참으로 많아졌다.

그만큼 사람들의 마음이 이기적으로 변했다는 반증이기도 하겠다. 타인을 이해하지 못하고 믿지도 못한다. 마치 세상에 사랑이 사라진 것처럼, 서로 경쟁하고 경계하며 밀어내려고만 한다. 모든 것을 이타심보다는 이기심으로 판단하고 행동한다. 사람들뿐만 아니라, 그리스도마저 우리 마음에 들어오지 못하게 마음의 문을 꽁꽁 걸어 잠근 채 살아간다. 성화 '등불을 든 그리스도'는 서로 마음을 열고, 생각을 나누며, 이해하고, 보살피며 서로 사랑하라는 메시지를 우리에게 준다.

생각 넓히기

우리는 생각과 삶을 결정할 수 있는 자유 의지가 있습니다. 인간은 때로는 고난과 역경을 이겨 내는 위대한 존재이지만, 또 때로는 작은 시련과 유혹에도 흔들리는 나약한 존재이기도 합니다. 인간은 살면서 서로가 서로에게 상처를 주고 또 상처를 받기도 합니다. 그럼에도 인간은 포기하지 않고 서로에게 손을 내밀며 다가가려 합니다. 서로의 마음을 살피고, 생각을 나누며, 서로의 마음 안으로 들어가고 싶어 합니다. 우리 모두 외롭고 힘든 삶을 살아가는 같은 존재라는 것을 본능적으로 깨닫고 있기 때문입니다. 그러기에 우리는 서로가 서로의 상처를 보듬고 안아 주어야 합니다. 서로 마음의 문을 열고 고통을 나눌 때 우리 마음은 치유됩니다. 우리 모두가 서로의 상처를 치유하는 존재라는 것을 잊지 맙시다. 늘 깨어 있는 마음으로 준비하십시오! 누군가 내 마음의 문을 두드리는 소리를 들을 수 있도록 귀 기울이십시오! 언제든지 서로 마음의 문을 열고 들어올 수 있도록. 서로의 상처를 보듬을 수 있도록. 타인에게 깊은 주의를 기울이는 것, 곧 '거룩한 집중'이야 말로 서로 마음 문을 열고 들어갈 수 있는 가장 좋은 방법입니다. 거룩한 집중은 자신이 아닌 타인의 마음에 관심을 가질 때, 스스로의 마음이 겸손하고 가난해질 때 비로소 할 수 있습니다. 한 영혼과 한 영혼이 만나 마음과 마음으로 대화하는 것은 서로의 영혼을 치유하는 하느님께서 우리에게 주신 우리의 능력임을 잊지 맙시다.

5분만 더

토마스의 집 근처에는 아름다운 공원이 하나 있었는데, 그는 시간이 날 때마다 그곳을 찾았다. 공원에는 봄을 맞은 나무들이 초록 잎의 옷으로 싱그러움을 더하고 있었고, 다양한 꽃들이 아름다운 자태를 뽐내고 있었다. 게다가 놀이 기구가 있는 곳에서는 아이들의 웃음소리가 끊이지 않았다.

공원을 찾은 토마스는 그날도 어김없이 신이 나서 또래 친구들과 놀고 있는 행복한 아이들을 보았다. 벤치에 앉아 아이들을 바라보던 그의 얼굴에는 절로 웃음꽃이 피었다. 그때 한 여성이 그의 곁으로 다가와 앉더니 인사를 건네며 말했다.

"저기 파란 셔츠를 입은 아이가 제 아들이에요! 정말 귀엽죠?"

사랑이 가득 담긴 눈빛으로 한 아이를 가리키며 말하

고 있는 여인에게 토마스도 고개를 끄덕이며 답했다.

"아, 그런가요? 아이가 정말 잘생겼네요. 아주 밝고 명랑한 것 같아요!"

"밝고 명랑한 것이 지나쳐 얼마나 장난꾸러기인지 몰라요."

"그런가요?"

"그렇다니까요!"

어느새 두 사람은 자연스레 이야기를 주고받았고 한동안 이어졌다. 얼마의 시간이 흘렀을까 집에 갈 시간이 되었는지 여인이 아들을 불렀다.

"알렉스, 이제 그만 가자꾸나! 집에 갈 시간이야!"

자신을 부르는 소리에 아이는, 얼마나 열심히 뛰어놀았는지 발그레해진 뺨으로 달려와 엄마를 졸랐다.

"엄마, 조금만 더 놀다 가면 안 돼요? 친구들이랑 더 놀고 싶어요! 딱 10분만요, 네? 딱 10분만요!"

아들의 어리광에 엄마는 어쩔 수 없다는 듯 웃으며 말했다.

"그래, 딱 10분만이다. 알겠니?"

엄마의 허락에 신이 난 아이는 다시 친구들에게 달려갔고, 10분이란 시간은 빠르게 흘렀다. 엄마가 다시 아이를 부르자 아이는 이번에도 어리광을 부렸다.

"아잉~ 엄마! 5분만 더요! 5분만요!"

엄마는 그런 아들에게 무릎을 굽혀 눈을 맞추며 말했다.

"좋아! 알렉스. 네가 뛰어놀고 싶은 만큼 놀다가 오렴! 단, 다치지 않게 조심해야 한다."

"우와! 엄마 정말 고마워요. 사랑해요, 엄마!"

아이는 엄마를 꼭 껴안고 엄마의 볼에 여러 번 입을 맞추고는 친구들에게 달려가 놀기 시작했다.

그런 아이의 모습을 흐뭇한 표정으로 바라보던 여인은 토마스를 돌아보며 말했다.

"우리 아들은 그렇게 생각하겠죠? 엄마가 자기에게 좀 더 놀 수 있는 시간을 주었다고 말이에요! 하지만 우리 아들은 모를 거예요. 사실은 이 엄마가 사랑하는 아들의 행복한 모습을 눈에 담는 매우 특별한 시간이라는 것을요!"

여인의 말에 토마스는 조용히 고개를 끄덕였다.

생각 넓히기

우리는 지나치게 자신의 일에만 빠져 살곤 합니다. 많은 시간을 투자해 일군 성과로 자신의 행복과 성공을 평가하곤 합니다. 일이 모든 것인 양 착각을 하지요. 물론 일이 나의 삶과 미래, 가족을 위해 꼭 필요하기도 합니다. 하지만 우리는 정말 중요한 것을 잊고 사는 것은 아닌지 모르겠습니다. 나의 일에 집중한 나머지, 정작 사랑하는 사람들과 함께해야 할 시간을, 그 소중한 기회를 놓쳐 버리고 있지는 않은지 곰곰이 생각해 봐야겠습니다.

너무나도 익숙해 우리가 미처 깨닫지 못하고 있지만, 사랑하는 이들과 함께한 시간은 삶의 고난과 역경을 이겨 내게 해 주는 밑바탕이자 버팀목임을 잊지 말아야 하겠습니다.

일분일초는 하느님께서 우리에게 주신 선물입니다. 이 시간은 다시 돌아오지 않습니다. 소중한 사람들과 사랑을 나누며 함께할 수 있는 기회를 꼭 붙잡기를 바랍니다! 자신의 배우자나 자녀, 친구 등 누가 되었든지 사랑하는 사람들과 이 소중한 선물을 최대한 활용해 보시면 어떨까요? 지금 당장 실천해 보십시오!

가장
아름다운
심장

가장 아름다운 심장은 어떤 모습일까? 여러 사람의 이야기를 들어 봐야 할 것 같다. 사람마다 생각하는 아름다운 심장의 모습과 그 심장을 가지기 위한 방법 또한 다를 것이다. 지금 시작하는 이야기 속 베드로처럼 말이다.

어느 작은 마을에 베드로라는 아주 매력적인 젊은이가 살고 있었다. 그는 마을의 유명 인사로 마을의 자랑거리이기도 했다. 훤칠한 키에 잘생긴 얼굴, 성격까지 좋은 데다 늘 사랑과 친절이 넘쳐 났다.

하지만 정작 그가 유명하게 된 이유는 다른 곳에 있었다. 베드로가 누구보다 아름다운 심장을 가졌기 때문이었다. 젊고 건강한 심장은 아침 이슬이 맺힌 수선화처럼 생기가 넘쳤으며, 피렌체의 유명한 예술가가 조각해 놓은 듯 완벽한 모양을 자랑하고 있었다. 더욱

이 어떤 진귀한 보석보다도 아름다운 선홍색 빛깔의 심장은 훌륭한 악기처럼 쿵쿵거리며 규칙적으로 맑은 소리를 내고 있었다.

사람들은 그런 베드로의 심장을 구경하기 위해 줄을 섰고, 멀리 다른 지역에서까지 그의 심장을 보기 위해 찾아왔다. 작은 마을이던 베드로의 고향은 그 덕에 유명해졌다.

그런데 시간이 흐르며 베드로를 떠받드는 사람들이 생겨났고 결국에는 많은 사람들이 그를 추앙하기 시작했다. 베드로는 사람들의 칭송에 점점 거만해져 갔다.

그러던 어느 날 멀리 떨어진 도시에서 한 중년 신사가 찾아왔다. 깊게 패인 주름진 얼굴과 투박하게 굵어진 손마디, 흙먼지가 잔뜩 묻어 있는 허름한 옷차림은 그동안 그가 얼마나 모진 삶을 살아왔는지 가늠하게 했다.

그 중년 신사가 베드로 주위에 모여 있던 사람들에게 말했다.

"무엇 때문에 이렇게들 모여 있소?"

그 물음에 한 사내가 베드로를 가리키며 말했다.

"여기 앉아 있는 베드로의 아름다운 심장에 대해 이야기하고 있었습니다. 정말 아름답지 않습니까? 제가 본 심장 중 가장 완벽한 심장인 것 같습니다!"

사내의 말에 그는 이해할 수 없다는 표정으로 다시 말했다.

"지금 저 사람의 심장이 아름답다는 것이오? 무엇 때문에 저런 사람의 심장을 떠받드는 것이오?"

그의 말에 베드로의 심장을 넋 놓고 바라보던 이들이 일제히 그에게로 시선을 돌렸다. 그리고 이내 군중의 시선은 중년 신사의 심장으로 옮아갔다.

그의 심장은 베드로의 심장과 달리 상처투성이였다. 여러 개로 조각난 심장은 심장이라고 부르기 민망할 만큼 그 형태가 망가져 알아보기 힘들 정도였고, 간신히 붙어 있는 조각들도 언제 떨어질지 모르는 상황이었다. 더욱이 그의 심장에서는 일반적이지 않은

기묘한 소리까지 났다.

베드로는 중년 신사의 심장을 바라보며 말했다.

"에이, 어르신께서도 눈이 있으시다면 잘 보십시오! 제 심장과 어르신의 심장 중 어느 쪽이 더 아름다운지. 제 심장은 상처 하나 없이 완벽한 모양을 하고 있지만, 어르신의 심장은 뜯어지고 조각나 누가 보아도 흉한 모습이지 않습니까?"

중년 신사는 베드로의 말에 동의하듯 고개를 끄덕이며 답했다.

"자네 말이 맞네! 베드로 그대의 심장은 상처 하나, 흠 하나 없지. 나 또한 처음엔 자네처럼 흠 하나 없는, 남들이 보기에 완벽한 아름다운 심장을 가지고 있었다네. 그런 내 심장이 왜 이렇게 상처가 나고 조각났는지 아는가? 사랑하는 사람들에게 내 심장 조각들을 나누어 주었기 때문이라네. 참사랑이란 자기의 것을 기꺼이 내어 주는 것이라네. 심장 조각을 나누어 주며 나는 그 안에서 진정한 사랑을 발견할 수 있었네. 겉으로 완벽해 보이는 사랑이 아니라, 진실한 마음속의 아름다운 사랑 말이야. 가끔은 나도 큰 심장 조각을 받을 때도 있었지. 그러면 나 또한 받은 그 큰 심장 조각을 다른 사람에게 기꺼이 나누어 주었지. 또 가끔은 작은 조각을 나누기도 했다네. 물론 내가 사람들에게 내어 준만큼 심장 조각을 받지 못할 때도 있었는데, 그때마다 이렇게 내 심장은 조각나고 구멍이 나서 그 흔적이 남았다네. 이 흔적들이 나에게 고통을 주지만 이 모든 것이 내가 그만큼 많은 사람을 사랑했고 또 많은 사람의 사랑을 받았다는 증거라네. 이제 내 말뜻을 이해하겠는가? 왜 자네의 심장이 보이는 겉모습과 달리 아름답지 않은지!"

베드로는 한동안 깊은 침묵에 빠졌다. 그리고 알 수 있었다. 중년 신사의 조각난 심장에서 났던 기묘한 소리의 정체가 무엇인지. 그것은 그가 사랑했던 이들이 남기고 간 흔적들에서 새어 나오는, 심장이 부르는 사랑의 노래였다.

어느새 베드로의 두 눈에는 굵고 뜨거운 눈물이 흘렀다. 베드로는 자신이 자랑하던 심장의 한 조각을 크게 떼어 중년 신사에게 주었다. 완벽하고 아름다웠던 그의 심장이 조금 볼품없어졌지만, 이제 베드로에게 심장의 겉모양 따위는 중요하지 않았다.

상처가 생긴 베드로의 심장은 이전에 그가 지녔던 어떠한 심장보다도 아름다웠다. 그리고 베드로의 심장에서도 그 중년 신사의 심장에서 들리던 아름다운 사랑의 노래가 들려오기 시작했다.

생각 넓히기

상처 한 번 입어 본 적 없는 마음을 가진 사람의 삶은 얼마나 슬플까요? 이상한 말처럼 들릴 수도 있지만 잘 생각해 보면 매우 슬픈 일이라는 것을 알 수 있습니다. 우리는 삶을 살며 사랑을 하고 사랑하는 사람으로 인해 눈물을 흘리며 고통스러워합니다. 사랑을 모르면 아프지도 상처를 받지도 않습니다. 사랑을 모르는 이런 사람이 세상에 존재하지 않기를 진심으로 바랍니다. 사랑 없는 삶은 의미가 없고 슬픈 삶입니다.

 진정한 사랑은 조건이 없어야 합니다. 마음에 아픈 상처가 생기는 위험도 감수해야 합니다. 우리가 용기 내어 사랑을 하면 그 사랑을 되돌려 받습니다. 사랑은 풍요로운 주고받음입니다. 사랑을 할 때 우리는 미처 눈치채지 못하는 사이에 많은 것을 얻는데, 우리 영혼이 생명으로 충만해지며 삶을 살아가는 동기와 기쁨이 되어 자신을 존중합니다. 또 삶을 행복하게 하는 양분이 되어 활력을 얻고 어려운 일도 극복할 수 있는 힘이 생깁니다. 사랑은 최고의 약, 강력한 비타민! 자, 이제 한 번 실천해 봅시다!

귀한 꽃

줄리아는 겉보기에 모든 것을 가진 듯한 여인이었다. 부모에게서 많은 재산을 물려받은 데다 젊고 아름다웠으며 그녀만을 사랑하는 남편과 열심히 공부하는 아이들까지… 게다가 아버지 회사에서 높은 직급의 임원으로 근무하면서 누구보다 많은 것을 누리며 사는 듯이 보였다.

그러나 줄리아는 계속되는 바쁜 직장 업무로 인해 한 남자의 아내이자 아이들의 엄마로서 가족들을 돌보는 데 큰 어려움을 겪었다. 그녀는 회사에 있든 집에 있든 회사 생각으로 가득 찼다. 회사에서는 끊임없이 크고 작은 문제가 일어났고 그녀가 일에 매달릴수록 가족과는 점점 멀어졌다. 어느새 집은 그녀에게 가족과 즐거운 시간을 보내는 소중한 공간이 아닌, 늦은 시간 일을 마치고 돌아와 잠깐 잠만 자는 호텔 같은 공간으로 바뀌었다.

시간이 흐르면서 줄리아의 가슴속에서 남편과 아이들의 자리는 점점 사라졌다. 그녀에게 가족은 모두 뒷전으로 밀려났다. 그녀의 마음에는 허무함과 함께 쓸쓸함이 밀려왔고 모든 것이 메말라 갔다.

그러던 어느 날, 줄리아의 아버지가 그녀에게 줄 선물을 가지고 왔다. 선물은 다름 아닌 예쁜 꽃이 핀 화분이었다. 화분이 사무실에 놓이자 삭막했던 공간에 생기가 돌았다. 은은한 꽃향기에 아버지의 사랑이 담겨 있는 것 같아 그녀는 기분이 좋아졌다. 줄리아의 마음에 쏙 드는 선물이었다. 기뻐하는 딸을 보며 줄리아의 아버지가 말했다.

"화분이 마음에 드는 모양이구나! 다행이다. 일을 하다 가끔 바라보면 스트레스도 풀리고 기분 전환도 될 게다. 대신에 시들지 않도록 잘 돌봐 줘야 한단다. 키우기는 어렵지 않을 거다. 이따금 물을 주기만 하면 된단다. 시간 날 때 말을 건네면 꽃이 더 좋아할 거야!"

줄리아는 한동안 예쁜 꽃에 취해 열심히 돌보았다. 아버지 말대로 물도 주고 가끔 말도 건네며 애정을 주었다. 하지만 그녀의 일상은 너무 바빴고 고단했다. 그래서 어느 순간 꽃을 까맣게 잊어버리고 말았다.

문득 정신을 차리고 꽃을 보았을 때 꽃은 이미 시들어 볼품없이 말라죽어 있었다. 메마른 꽃잎은 바닥에 떨어져 나뒹굴었고, 그녀를 기분 좋게 했던 꽃향기도 더 이상 맡을 수 없었다.

아버지의 사랑이 한순간 사라진 것 같아 그녀는 다시 우울해졌다. 그녀의 삶에 온전한 것이 없는 것처럼 느껴졌다. 줄리아는 참지 못하고 울음을 터트렸다. 그녀는 흐느끼며 아버지에게 전화를 걸어 모든 것을 말했다. 그러자 그녀의 아버지는 뜻밖의 이야기를 했다.

"그래, 이미 나는 예상하고 있었단다. 너의 일상은 한순간도 쉴 틈이 없으니 말이다. 아니, 정확히 말하면 줄리아 네가 스스로에게 시간의 여유를 주지 않은 것 같더구나! 그리고 나는 다시 네게 그와 똑같은 화분을 선물해 줄 수 없을 것 같다. 네게 준 화분은 구하기 어려운 것인 데다 그 화분을 샀던 가게에도 하나밖에 남지 않은 것이었거든. 줄리아 너무나 익숙해서 못 느낄지도 모르겠지만, 네 곁에 있는 사랑하는 것들을 소중히 여기렴. 가족은 그 무엇과도 바꿀 수 없단다. 네가 그리 안타까워하며 눈물을 흘린 그 꽃보다 네 가족이 더 소중하지 않겠니? 아빠는 네가 소중한 가족을 그 꽃처럼 잃지 않았으면 한단다."

생각 넓히기

우리는 예쁜 꽃을 좋아하면서도 정작 꽃을 가꾸는 데에는 소홀할 때가 있습니다. 꽃을 잘 가꾸려면 적절하게 물을 주고 잎을 닦아 주며, 필요 없는 가지는 쳐 주고 때로는 화분과 흙도 갈아줘야 합니다. 예쁜 꽃을 보기 위해서는 그만큼의 시간과 정성이 필요하지요.

사랑하는 사람들과의 관계도 마찬가지입니다! 아니, 어쩌면 더 많은 시간과 정성이 필요한지도 모르겠습니다. 사람들을 진실로 행복하게 하는 것은 오직 사랑뿐입니다. 더 늦기 전에 사랑하는 사람들에게 시간을 내어주고 애정으로 보살펴 주세요. 그러면 우리의 삶은 어떤 꽃보다도 향기롭고 아름다울 것입니다!

사랑하라

마르코는 마흔 남짓 된 기혼 남성이다. 마르코에게는 한 가지 고민이 있는데, 아내인 리타와 사이가 좋지 않다는 것이다. 그의 생각에 리타는 이미 자신과 이혼하기로 마음을 먹은 것처럼 보였다. 마르코 또한 이미 아내에게 마음이 떠난 상태였고, 결혼 생활에도 회의를 느끼고 있었다.

고민 끝에 마르코는 마을에서 명성이 자자한 현자를 찾아가 자신의 고민을 털어놓았다. 아내를 더 이상 사랑하지 않는다는 마르코의 이야기에 현자는 딱 한마디만 했다.

"아내를 사랑하십시오!"

현자의 뜻밖의 말에 마르코는 난처한 표정으로 다시 말했다.

"하지만 이제는 아내를 사랑하지 않는 걸요! 그녀에

게서 어떠한 사랑의 감정도 느끼질 못한단 말입니다."

"그래도 아내를 사랑하셔야 합니다!"

현자는 똑같은 말만 되풀이할 뿐, 다른 어떠한 말도 하지 않았다. 이해할 수 없는 현자의 태도에 마르코도 그와 실랑이하듯 아무 말 없이 계속 앉아 있었다. 얼마의 시간이 흘렀을까?

드디어 현자가 마르코에게 말하기 시작했다.

"사랑한다는 것은 내가 어떤 선택을 하느냐에 달렸습니다! 진정한 사랑이란 자신의 희생에서 나옵니다. 나를 내어 주고 또 내어 주는 것입니다. 사랑이란 나무와 같아서 내가 어떻게 보살피느냐에 따라 풍성한 열매를 맺을 수도 있고, 시들어 죽어 버릴 수도 있습니다. 그래서 나무가 잘 자랄 수 있도록 늘 관심을 가지고 보살펴 주어야 합니다. 그러면 나무는 당신에게 달콤한 열매를 내어 주고, 뜨거운 햇빛과 비바람을 막을 수 있는 지붕이 되어 주고, 또 아름다운 모습을 계속 보여 줍니다. 나무가 성장한 한 뒤에도 계속 애정으로 보살피면 나무도 당신에게 더 큰 사랑으로 보답합니다.

당신이 아내를 인정하고, 나무가 자유로이 가지를 뻗으며 자라듯 아내의 생각과 의견을 존중한다면, 또 나와 다름을 받아들이고 관심을 쏟고 사랑한다면 그 사랑의 힘이 얼마나 강력하고 위대한지를 당신은 깨달을 것입니다.

사랑의 불꽃이 꺼지지 않도록 노력해 보세요! 아내를 사랑하세요! 단순히 그것만으로도 당신은 더 큰 사랑을 받으며 분명 행복해질 테니 말입니다."

생각 넓히기

사랑한다는 것은 우리의 모든 관계를 풍요롭게 합니다. 여러 가지 문제로 계속해서 논쟁을 벌이며 시간을 낭비하는 것은, 사랑을 쫓아 버리는 행동입니다. 문제는 우리가 살아 있는 한 끊임없이 생겨납니다. 결혼한 지 얼마 안 된 부부들은 서로서로 깊은 사랑을 느낍니다. 하지만 세월이 흐르면서 그 사랑은 점점 줄어들고 어느 순간 꺼져 버립니다. 일상의 여러 어려움을 만나면서 우리의 사랑은 그렇게 작아져만 갑니다. 많은 부부들이 문제 해결의 최선을 이혼이라고 결론 내립니다! 하지만 그것은 잘못된 판단입니다. 이혼을 하고 다른 사람을 만난다고 해서, 또는 나 혼자 산다고 해서 문제들이 사라지지는 않습니다. 또 다른 종류의 문제와 고민이 나타납니다.

사랑은 시간과 함께 성장합니다. 그리고 변화합니다. 단지 두근거리고 설레는 감정만이 사랑이 아닙니다. 서로를 존중하고 이해하는 것, 신뢰와 믿음, 애틋한 감정 또한 사랑입니다. 결혼 생활 20년, 30년 된 부부들의 사랑은 연애할 때의 감정과는 다를 수 있습니다. 중요한 것은 늘 상대방의 새로운 모습을 발견하고 놀라며, 날마다 새로운 사랑에 빠지는 것입니다. 그리고 그것은 나의 참된 자아를 찾아가는 길이기도 합니다.

　사랑은 희생이지만, 가장 아름답습니다. 사랑은 하느님께서 창조하신 생명의 뿌리에서 시작된 가장 아름다운 감정이자 덕이며 행동입니다.

완벽한 여자

벤치에 두 사내가 나란히 앉아 이야기를 나누고 있었다. 한 사내는 이미 결혼을 했고, 또 다른 사내는 미혼이었다. 둘은 어린 시절부터 함께해 온 오랜 친구 사이로, 한 가지 문제로 논쟁 중이었다. 기혼인 친구가 미혼인 친구에게 말했다.

"말해 봐! 결혼에 대해 생각한 적이 있긴 있는 거야?"

"당연하지, 나도 나름 진지하게 고민한 적이 있다고."

"그런데 왜 아직까지 혼자인 거야?"

기혼인 친구의 말에 미혼인 친구는 오래전 소중한 추억을 떠올리듯 아련해진 눈빛으로 입을 열었다.

"들어 봐! 나에겐 어릴 때부터 한 가지 꿈이 있었어. 완벽한 여자를 만나 행복한 가정을 꾸리고 사는 그런

꿈 말이야. 그런 여자를 만날 수만 있다면 더운 사막이든 추운 남극이든, 위험이 가득한 오지 정글이든, 어디든 갈 수 있다고 생각했지! 그래서 완벽한 여자를 찾아 세상을 여행하기 시작했어. 마침내 아름다운 여성을 만났지. 하지만 그녀에겐 생각지도 못한 큰 단점이 있었어. 세상모르는 철부지에 너무 무식했던 거야. 난 다시 여행을 했고 이번엔 똑똑하고 사회에서 성공한, 나와 격이 맞는 커리어 우먼을 만났지. 그러나 그녀에게도 단점이 있었어. 내 스타일도 아닌 데다 못생겼거든. 내 여행은 계속되었고 마침내 꿈에 그리던 이상형을 만나게 되었지! 예쁘고 지적인 데다 성공했으며 신앙심 깊고, 여성스럽기까지 한 완벽한 여자 말이야! 난 단번에 사랑에 빠졌고 드디어 꿈을 이루는 듯했어!"

미혼인 친구의 말을 가만히 듣고 있던 기혼인 친구가 말했다.

"이봐! 그렇게 좋은 여자를, 그러니까 네가 바라던

완벽한 여자를 만나 놓고 왜 결혼을 안 한 거야?"

"그러니까 그게 말이지… 물론 나는 그 여자와 진심으로 결혼하고 싶었지."

"그런데?"

"그런데 그 여자도 완벽한 남자를 찾고 있더라고! 아쉽게도 말이야."

생각 넓히기

이 예화는 마치 코미디 같지만 의미 있는 가르침을 전합니다. 완벽한 반려자를 만난다는 것은 자기 스스로 상대를 어떻게 보느냐에 달려 있습니다. 즉 나의 마음가짐과 선택에 달려 있습니다. 정말 중요한 것은 사랑입니다. 내가 생각한 조건에 상대를 맞추고 평가하기보다는 마음에서 우러나오는 진실한 사랑으로 상대를 볼 때 나의 짝으로 상대는 변화하고 나 또한 변화합니다. 그러기 위해서는 상대를 진실한 마음으로 바라보려는 노력의 첫걸음이 중요합니다.

참된 사랑

다음은 아프리카 앙골라에서 수년간 선교 활동을 한 선교사가 경험한 감동적인 일화이다. 그 선교사는 의사였으며 그곳에서 한 소년과 소녀를 만났다. 이 일화는 그들의 아름다운 우정과 사랑 이야기로 우리에게 우정과 사랑의 참가치를 다시 생각하게 한다.

앙골라에서 고통스러운 내전이 계속되던 때였다. 그런 전쟁의 한복판에서 어린아이 둘이 천진난만하게 뛰놀고 있었다. 까르르 해맑은 웃음소리가 들리고 여자아이가 한 발을 내딛는 순간, 천둥과 같은 폭발음이 들렸다. 고막이 찢어질 듯한 날카로운 굉음은 지뢰가 폭발했음을 알렸다. 두 아이는 바닥에 나뒹굴며 피를 흘렸다. 부상을 입은 두 아이는 사람들의 손에 의해 선교사가 있는 임시 의료 막사로 옮겨졌다. 그런데 가벼운 부상을 입은 소년과 달리 소녀는 심하게 피를 흘리고 있었다.

열 살 정도로 보이는 여자아이는 즉시 수혈을 해야 할 위급한 상황이었다. 하지만 의료 막사에는 환자들이 넘쳐 났고 혈액도 이미 남아 있지 않았다.

선교사는 고민 끝에 피를 흘리며 죽어 가는 여자아이와 혈액형이 일치하는 혈액 기부자를 찾기 위해 간호사와 함께 의료 막사 주변의 모든 사람의 혈액을 검사했다. 그리고 선교사는 여자아이와 일치하는 혈액형을 가진 단 한 사람을 찾았다. 그는 여자아이와 함께 의료 막사로 실려 온 소년이었다. 그 둘은 한 동네에서 나고 자란 소꿉친구였다. 앙골라 말을 제대로 하지 못했던 선교사와 간호사는 온갖 손짓과 발짓으로 소년에게 친구를 살릴 수 있게 수혈을 부탁했다. 소년은 소녀에게 자신의 피를 주기 위해 병상에서 일어나 수혈 침대로 걸음을 옮겼다. 그런데 한 걸음 한 걸음 옮기는 소년의 얼굴색이 파리하니 좋지가 않았다. 소년은 몹시 겁을 먹은 것처럼 몸을 떨며 딸꾹질을 하더니 끝에 가서는 어깨까지 들썩이며 흐느껴 울기 시작했다.

소년은 마침내 수혈 침대에 누워 소녀와 함께 수술실로 들어갔다. 그는 자기 옆에 누워 있는 소녀의 얼굴을 보고서는 눈물을 닦으며 말했다.

"내 피를 주면 너는 살아날 수 있을 거야!"

선교사는 아이가 겁을 먹지 않도록 수혈은 아프지 않고 또 수혈이 끝나면 예전처럼 뛰놀 수 있다고 설명해 주었다. 하지만 아이는 오히려 선교사의 말에 더욱 서럽게 울어 댔다. 얼마 뒤 수술은 시작되었고 자신의 팔에서 빠르게 빠져나가는 피를 본 소년은 딸꾹질을 더욱 심하게 했다. 그리고 수술을 하는 동안 천장으로 시선을 옮긴 소년의 눈가에서는 끊임없이 눈물이 흘러내렸다.

얼마 뒤 선교사의 말을 통역해 주기 위해 동네 주민이 수술실로 왔다. 선교사는 소년이 힘들거나 아프지 않은지 물어봐 달라고 그에게 부탁했다. 주민과 한참

이야기하던 소년이 울음을 멈추고 더없이 밝게 웃기 시작했다.

　소년의 갑작스러운 모습에 선교사가 어리둥절해하자 동네 주민이 한바탕 웃고는 말했다.

"이 아이가 선교사님의 말을 잘못 알아들었던 모양입니다. 자기 피를 친구에게 전부 주어야 친구가 살 수 있다고 생각했나 봅니다. 그래서 자신은 곧 죽는다고 생각하고 겁에 질려 울었다고 합니다!"

　동네 주민의 말에 놀란 선교사가 다시 말했다.

"아니 그러면 자신이 죽는 줄 알면서 어떻게 피를 나눠 줄 마음을 먹었답니까?"

　동네 주민이 선교사의 말을 통역하여 소년에게 물어보자, 아이는 스스럼없이 대답했다.

"친구가 죽으면 저는 많이 슬플 테니까요. 그렇다면 제가 죽는 것이 더 낫다고 생각했어요. 내 소중한 친구니까요!"

생각 넓히기

예수님은 말씀하셨습니다. "친구들을 위하여 목숨을 내놓는 것보다 더 큰 사랑은 없다."(요한 15,13)

이 예화는 예수님의 말씀이 무엇을 의미하는지 우리에게 분명히 보여 줍니다. 이 예화는 우리 그리스도인에게 참된 우정을 통한 사랑의 위대함을 고스란히 드러냅니다. 소년은 죽음까지 각오하면서 친구의 생명을 살리려고 기꺼이 자신의 모든 것, 목숨마저 내어 놓습니다. 진실로 누군가를 사랑할 때 인간은 초월적인 힘을 발휘합니다. 그리고 타인을 위해 조건 없는 사랑이나 완전한 헌신 등, 하느님이 창조한 모습 그대로 위대한 능력을 발휘합니다. 우리는 여기서 한 번 깊이 고민해 봅시다. 과연 우리는 이 예화의 소년처럼 사랑과 희생을 실천할 준비가 되어 있는가?

우리가 사랑하는 이들을 위해 우리 자신을 어디까지 내

어 줄 수 있는지, 우리를 위해 십자가를 지신 예수님을 바라보며 잠시 묵상합시다.

사랑 배우기

어릴 때부터 꽃과 나무를 좋아했던 바오로는 커서도 자기 집 정원의 꽃과 나무 가꾸기를 즐겼다. 그는 특히 화려하고 아름다운 빛깔을 뽐내는 꽃들을 좋아했다.

어느 날 앞마당에 새로운 꽃을 심기로 한 바오로는 매우 고심하면서 가장 아름답고 화려한 꽃씨를 골라 뿌렸다. 그는 자기 집 정원이 더 아름답고 화려해지길 원했다.

마침내 꽃들이 점점 자라나 꽃망울을 터트렸다. 하지만 바오로는 자신의 눈을 의심할 수밖에 없었다. 자신의 기대와는 전혀 다른 종류의 꽃들이 피어났기 때문이다. 그 꽃들은 그의 예상과는 전혀 다른 모습으로, 이름도 모르는 난생 처음 보는 꽃들이었다.

바오로는 다시 다른 종류의 꽃을 심기로 결심했다. 이번에는 처음보다 더욱더 신중하게 꽃씨뿐 아니라

흙까지 신경을 썼다. 씨를 뿌리고 매일매일 물을 주며 정성으로 돌보았다. 그러나 처음과 마찬가지로 바오로가 원하던 꽃이 아닌 다른 꽃이 피어났다. 바오로가 심지도 않은, 잘 알지도 못하는 꽃들만 피어났다. 참 이상한 일이 반복되었다.

바오로는 고민 끝에 꽃씨를 샀던 화원을 찾아가 이유를 물어보았지만 원인을 찾을 수가 없었다. 그래서 이번에는 동네에 사는 정원사들을 찾아가 자문을 구했지만 헛수고였다. 문제의 원인을 제대로 설명해 줄 사람이 한 명도 없었다.

바오로가 원하는 것은 단 하나였다. 자신이 원하는 꽃으로 정원을 아름답게 꾸미고 싶은 것, 그것뿐이었다. 정원을 바라볼수록 바오로는 새로 핀 낯선 꽃들이 눈에 거슬리면서 어울리지 않는다는 생각이 자꾸 들었다. 자신만을 위한 정원에 그가 허락하지도 않은 낯선 꽃들이 있다는 것을 도저히 용납할 수 없었다. 새로 핀 꽃들이 성가신 잡초처럼 느껴졌고, 화려하지도 아름답지도 않다고 생각했다.

　결국 바오로는 수소문 끝에 먼 곳에 사는, 뛰어난 능력을 가졌다고 소문난 나이 든 정원사를 찾아갔다. 바오로는 그에게 그동안 있었던 일을 빠짐없이 설명하고 이 정원사가 명쾌한 답을 해 주길 기다렸다. 바오로가 초조한 마음으로 기다리는 사이, 긴 침묵이 흘렀다. 정원사는 바오로에게 되물었다.

　"바오로 씨, 당신은 왜 새로 피어난 그 꽃들을 아름답다고 생각하지 않나요? 당신은 왜 자신이 선택한 꽃들만 아름답고 화려하다고 생각하는가요? 당신이 잡초처럼 여긴 그 새로운 꽃들이 어떤 이들의 눈에는 세상에서 제일 화려하고 아름다운 꽃으로 보일 텐데 말이지요! 아마도 그 사실을 당신에게 알려 주려고 그 꽃들이 당신 정원에 핀 것은 아닐까요? 한 번 잘 생각해 보십시오."

생각 넓히기

우리의 삶 주변에는 우리가 알지 못하는 많은 사람이 있습니다. 살다 보면 그들과 인연을 맺어 친한 친구가 되기도 하고, 평생을 함께하는 반려자가 되기도 합니다. 밝고 명랑한 성격에 끌리기도 하고, 내가 알지 못했던 사람에게서 나와 맞는 공통점이나 다른 특별한 점을 발견하며 우정을 쌓기도 합니다. 또는 우연히 묘한 사랑의 힘과 치명적인 매력에 빠져 특별한 인연을 맺기도 합니다. 우리가 매일 만나는 가까운 이들에게 눈을 돌려 봅시다. 직장 동료, 친구, 가족, 연인 등 삶의 여정에서 만난 나에게 소중한 그들은 내가 선택한 사람들이 아닙니다. 그들은 모두 신비로운 만남의 끈으로 이어진 내가 사랑하는 사람들입니다.

　이 예화는 우리에게 아름다운 과제를 내줍니다. 잘 알지 못하는 이들이라 해도 마음을 열고 사랑할 준비를 해야 한다고 말입니다. 우리는 사랑하는 법을 배워야 합니다. 우리는 새로운 사람을 만나며 나의 행동이나 감정을 조절하는 방법을 배웁니다. 그리고 그 배움은 나를 성숙하게 합니다. 내 삶의 테두리 안에서, 나의 정원에서 내가 알지 못하는 꽃들이 피어나거나 만나게 될 때 사랑하는 법을 배워 봅시다. 나의 노력은 소중한 가족이나 친구, 연인, 동료를 만날 수 있는 특별하고 행복한 보상으로 돌아옵니다. 사실 노력만으로도 그것은 삶의 경험이 되는, 충분히 가치 있고 의미 있는 일입니다.

균형의 비밀

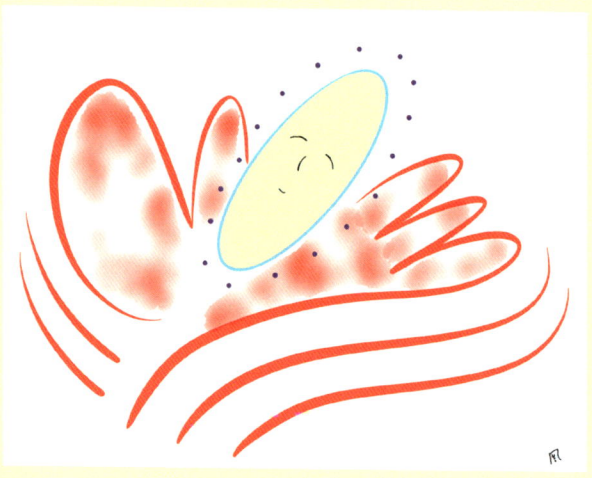

뜨거운 한여름 노을이 지는 바다에서 엄마와 딸이 평화롭게 해변을 거닐고 있었다. 해변에는 파도의 출렁임과 가끔 갈매기가 끼룩거리는 소리만 들릴 뿐, 고요한 것이 성스러운 분위기마저 자아내고 있었다. 그 정적을 깨고 무엇이 궁금한지 걸음을 멈춘 어린 딸이 엄마에게 물었다.

"엄마, 사랑이 계속 곁에 있게 하려면 어떻게 해야 하나요?"

엄마는 딸을 사랑스럽게 바라보며 이야기했다.

"얘야, 모래를 한 움큼 움켜잡아 있는 힘껏 쥐어 보겠니?"

아이는 엄마의 말대로 모래를 있는 힘껏 움켜잡아 보았다. 그러자 모래는 힘주어 쥐면 쥘수록 손가락 사이로 빠져나가 버렸다. 이것을 본 딸이 엄마에게 말했다.

"엄마, 모래가 전부 도망가 버렸어요!"

당황한 딸의 모습에 엄마는 엷은 미소를 띠며 말했다.

"그렇구나, 모래가 전부 빠져나가 버렸구나! 애야, 그러면 이번에는 모래를 조금만 집어서 움켜쥐지 말고 다른 쪽 손바닥 위에 올려놓아 보겠니?"

아이는 엄마가 말하는 대로 했다. 아이는 숨을 죽인 채 손바닥 위의 모래를 보고 있었다. 그때였다. 거친 바람이 불더니 아이의 눈앞에서 모래를 전부 흩날려 버렸다.

놀란 토끼 눈이 된 아이는 엄마의 옷자락을 붙잡으며 다급히 말했다.

"엄마, 모래가 또 사라져 버렸어요!"

엄마는 실망한 표정의 딸과 눈을 맞추기 위해 무릎을 꿇으며 이야기했다.

"애야, 모래를 계속 손에 쥐고 있기 위해서는 힘을 조절해야 한단다. 바람에 날아가지 않게 하기 위해서는 손을 살짝 오므려 보호하듯 감싸야 하지. 또 너무

세게 움켜쥐어 사라지지 않도록 반쯤 손을 열어 자유를 주어야 한단다."

엄마는 자신이 말한 것처럼 손바닥을 반쯤 오므린 상태로 모래를 쥐며 딸에게 시범을 보여 주었다.

"자! 얘야, 너도 엄마처럼 한 번 해 보겠니? 그리고 모래가 어떻게 되는지 지켜보는 거야."

아이는 엄마가 알려 준 대로 모래를 집어 손에 적당히 힘을 주어 보호하듯 감싸고 또 적당히 힘을 풀어 틈을 만들어 주었다. 그러자 신기하게도 모래는 사라지지 않고 정말 소녀의 손에 그대로 담겨 있었다. 신이 난 소녀가 해맑게 소리 내어 웃자, 그 모습을 행복하게 바라보던 엄마가 다시 이야기했다.

"얘야, 잘 기억해 두렴! 사랑도 이 모래와 같단다."

생각 넓히기

　모든 사랑은 유일하고 특별합니다! 사랑에는 요구되는 것이 하나 있습니다. 사랑은 받는 것이기도 하지만 주는 것이라는 사실입니다. 사랑하는 사람과의 관계 안에서 사랑을 주고받으며 서로 사랑을 배웁니다. 엄마와 딸의 대화로 이루어진 이 이야기는 지혜로운 가르침을 줍니다. 건강하고 올바른 사랑의 관계를 유지하는 비결은 바로 균형에 있다고 말합니다. 관심과 자유의 조화로운 균형이 필요합니다.

　손을 살짝 오므려 보호하듯 감싼다는 것은 사랑하는 사람과의 사랑을 소중히 여기며 조심스레 키워간다는 뜻입니다. 우리에게 너무나도 소중한 사랑인 만큼 상대에게 선물과 다정한 말, 시간을 함께 나누며 다양한 방법으로 사랑을 표현해야 합니다.

　다른 한편, 자유를 준다는 것은 무슨 의미일까요? 자유는 하느님께서 우리에게 주신 특별한 선물입니다. 세상 그 어떤 사람도 다른 사람 안에 속할 수 없습니다. 타인의 기질이나 행동을 내 마음대로 바꾸려 하거나 조정하려 해서는 안 됩니다. 이런 행위는 마치 모래를 가득 손안에 움켜쥐고 빠져나가길 바라는 것과 같습니다. 그러면 모래는 손안에서 전부 사라지고, 다시는 같은 모래를 손에 넣을 수 없습니다. 빠져나간 모래는 결코 다시 돌아오지 않습니다.

마음과
마음의
거리

인도에 사는 아주 유명한 현자가 제자들과 함께 '관계'라는 주제로 열띤 토론을 벌이고 있었다. 현자가 제자들에게 한 가지 질문을 던졌다.

"왜 사람들은 불만스럽고 화가 날 때 소리를 지를까요?"

잠시 골똘히 생각하던 제자들은 하나둘씩 자신의 의견을 말하기 시작했다.

"평정심을 잃었기 때문입니다!"

"사람들의 시선을 끌기 위해 그럽니다."

"아닙니다! 자신의 감정을 다스릴 줄 모르기 때문에 소리를 지릅니다."

"제 생각에는 다른 사람에게 분풀이를 하려는 것 같습니다."

그러자 현자가 다시 말했다.

"그런데 왜 바로 옆에 있는 사람한테도 소리를 지를까요? 차분한 목소리로 이야기하는 것은 불가능할까요?"

제자들이 적절한 답을 찾으려고 애를 썼으나 찾지 못하였다. 그러자 현자는 제자들에게 이야기하기 시작했다.

"사람들은 자기 삶이 불만스럽거나 지겨워질 때 마음의 문을 닫아 버리고, 이웃과도 점점 멀어집니다. 서로의 목소리가 들리지 않을 만큼 마음의 거리 또한 멀어졌습니다. 자기 삶이 지겨워지고 불평불만이 많아질수록 더 크게 소리를 지릅니다. 멀리 있는 사람에게 내 생각을 전하려면 소리를 지르는 방법밖에 없지 않겠습니까? 결국 마음과 마음의 거리가 멀어지면 멀어질수록 사람들은 더 크게 소리를 지르게 됩니다. 그리고 타인의 소리도 당연히 들을 수 없게 됩니다. 그렇다면 반대의 경우, 서로 사랑하는 연인들은 어떠합니까? 이들 사이에서는 어떠한 불평불만의 소리도 들리지 않습니다. 자신의 삶이 행복하고 만족스럽기 때문입니다. 날마다 새롭고 즐거워 지루할 틈이 없습니다. 이들은 아주 작은 소리로 속삭이듯 말합니다. 낮게 중얼거리는 듯한 말도 서로 잘 알아듣습니다. 이 두 사람의 마음의 거리는 굉장히 가깝습니다. 서로가 서로에게 마음을 열고 있기 때문이지요. 서로 사랑하는 연인 사이에는 가끔 말도 필요하지 않습니다. 눈빛과 몸짓만으로도 서로를 이해할 수 있으니까요. 그렇게 서로에게 다가가 마음을 여는 순간 그저 바라보거나 작은 몸짓 하나만으로도 충분히 이야기를 나눌 수 있습니다!"

생각 넓히기

이제 막 사랑에 빠진 연인들의 모습은 얼마나 아름다운가요? 이들의 몸짓은 항상 다정하고 서로를 배려합니다. 그들의 눈빛과 마음은 언제나 달콤하고 예쁩니다. 말을 하지 않아도 둘은 서로 통하고 있지요. 사랑은 상대의 존재 자체를 이해하는 것이지요. 작은 소리에도 서로 귀 기울이고 있기에 모든 소리를 들을 수 있습니다. 사랑을 할 때 서로의 마음은 아주 가까이 있습니다.

 타성에 젖어 불평불만으로 삶을 허비하지 않도록 조심하십시오! 이웃들과 멀어져서 오직 자기 소리만 강조하는 이기적인 사람이 되어서는 안 됩니다. 마음이 딱딱하게 굳어 버리지 않도록 항상 경계해야 합니다. 돌처럼 굳은 마음의 문은 어떤 열쇠로도 열리지 않기 때문입니다. 돌 같은 마음이 되지 않기 위해서는 타인에 대한 배려와 관심을 실천해야 합니다. 마음에 이 두 가지 보물을 심어 놓으십시오. 배려와 관심은 오늘날의 복음을 사는 것입니다.

  삶에 지치거나 불만이 생길 때 내게서 어떤 행동이 나오는지 살펴봅시다.

완벽한 벌집

브라질 고이아스주의 한 시골 마을에는 양과 젖소, 말 등을 키우는 사람이 많이 살고 있었다. 그들의 삶은 단순하고 소박했지만 큰 꿈을 꾸며 열심히 살았다. 그들의 아이들은 아직 어렸고 대부분 초등학생들이었다. 아이들은 열심히 공부하며 부모의 일을 곧잘 돕곤 했다. 더욱이 양을 키우는 일은 가족의 생계에 영향을 주는 매우 중요한 일이었으므로 아이들 모두 양 치는 일을 열심히 도왔다. 하지만 아이들에게 양 돌보기는 매우 고된 일이었다. 이른 아침 양들을 몰아 풀밭에 풀어놓고 학교에 가면 아이들은 파김치가 되어 수업 시간에 졸기 일쑤였고 선생님한테 혼나는 경우도 종종 있었다.

어느 날 학교는 정부가 지원하는 전국 문화 탐방 예산을 타게 되었다는 소식을 받았다. 교사와 학생 모두

브라질 전국의 역사적인 도시를 돌며 박물관과 문화 유적지 등을 볼 수 있는 특별한 기회가 생긴 것에 기뻐하며 신이 났다. 그러나 문제는 소수의 학생만 참여할 수 있을 정도의 많지 않은 지원금이었다. 선생님들은 오랜 고민 끝에 한 가지 결론에 도달했다. 모든 학생에게 기회를 공평하게 주기로 했다. 즉 과제를 내서 정답을 찾은 학생들에게 이 멋진 여행의 기회를 주기로 한 것이다.

과제는 요아킴이라는 아이에게도 주어졌다. 요아킴은 머리가 비상하고 활발했지만, 성질이 급하고 쉽게 신경질을 내는 편이었다. 수업 시간에도 잘 집중하지 못하고 산만하게 돌아다녔으며 성적도 늘 좋지가 않았다. 선생님이 아이들에게 내준 과제는 이랬다.

"여러분, 이번 과제는 벌집을 찾아오는 거예요. 그 벌집은 형태도 완벽해야 하지만, 달고 맛있는 꿀이 떨어지지 않고 계속 나와야 해요. 알겠어요?"

요아킴은 과제를 듣고 당황하며 크게 낙담했다. 어

디서 그런 벌집을 구해야 할지 떠오르지 않았다. 요아킴은 선생님이 학생들을 골탕 먹이기 위해 말도 안 되는 과제를 내주었다고 생각했다. 선생님이 말씀하신 완벽한 벌집은 세상 어디에도 없다고 생각했다. 그러나 요아킴은 곧 생각을 바꿔 벌집을 찾아보기로 했다. 요아킴은 동네 구석구석을 뒤지고 다녔다. 벌집에 대해 공부하며 여러 권의 책을 찾아 읽기까지 했다. 그리고 때로는 동네 어르신들을 찾아가 완벽한 벌집에 대해 묻기도 했다. 하지만 아무런 소용이 없었다.

지친 요아킴이 포기해야겠다고 생각할 때쯤 문득 할아버지가 떠올랐다. 요아킴의 할아버지는 마을 사람들에게 존경받는 지혜로운 분이었다. 요아킴은 재빨리 할아버지를 찾아갔다.

요아킴의 이야기를 들은 할아버지는 자신을 찾아온 어여쁜 손주를 사랑스러운 눈으로 바라보며 말했다.

"애야! 이 할아비가 너를 도와줄 수 있을 것 같구나. 그렇지만 그전에 이 할아비가 시키는 일을 내일까지 해 와야 한다. 무슨 말인지 알겠지?"

할아버지의 말에 요아킴은 신이 나서 대답했다.

"정말요? 정말 절 도와주실 거죠? 뭔데요? 무슨 일이든 열심히 할게요!"

"그럼, 정말이지! 그러면 요아킴, 오늘 집에 가서 엄마가 하루 종일 무슨 일을 하는지 자세히 보고 이 할아비에게 알려 주렴. 가령 매일 세 번 빠짐없이 식사를 준비한다거나 가족들의 더러워진 옷을 빨아 준다거나… 아니면 네 숙제를 봐 준다거나 넓은 가슴과 팔로 너를 안아 주거나 자기 전에 침대를 정리해 주고 잠들기 전에 자장가를 불러 준다거나… 그런 일들 말이다! 엄마가 어떤 일을 하는지 잘 살펴보고 내일 할아비에게 자세히 이야기해 주면 된다."

요아킴은 할아버지 말씀대로 엄마가 무슨 일을 하는지 하루 종일 쫓아다니며 자세히 관찰하기 시작했다. 그러다가 놀라운 사실 한 가지를 알게 되었다. 그것은 할아버지가 말씀하신 그 많은 집안일들을 엄마가 매일매일 하고 있었다는 사실이다.

 할아버지를 만나기로 한 다음 날 아침, 요아킴은 무엇이 기쁜지 집 앞마당을 이리저리 뛰어다니다 한복판에 서서 소리쳤다.

"찾았어요! 저 찾았단 말이에요!"

 요아킴은 엄마를 꼭 부둥켜안은 채 학교에 같이 가 달라고 부탁했다. 그리고 학교에 도착하자마자 선생님에게 당당히 말했다.

"선생님, 여기 세상에서 가장 완벽한 벌집을 찾아왔어요! 달콤한 꿀이 계속 나오는, 영원히 사랑이 마르지 않는, 저에게는 세상에서 가장 완벽한 벌집이에요."

생각 넓히기

 우리를 위한 어머니의 사랑은 측정할 수 없습니다. 그 사랑은 우리가 범접할 수 없는 경지의, 그 무엇도 뛰어넘는 무조건적인 사랑입니다. 어머니는 자식들을 위한 일이라면 무엇이든지 해냅니다. 어머니의 사랑은 한계가 없으며 달콤하기까지 합니다. 어머니는 자식들에게 그 사랑을 항상 더 많이 주려고 하고, 주지 못해 안타까워합니다. 어머니는 자식들에게 똑같이 사랑을 나누어 줍니다. 자식들을 사랑하는 마음에는 차별이 없습니다.

 사랑을 표현하는 것이 좋습니다. 부모님에게 사랑한다고 말하세요! 부모 또한 자녀들에게 얼마나 사랑하는지 말해야 합니다. 함께할 수 있는 일이 무엇인지 찾아보고 기회가 오면 망설이지 말고 바로 실천하세요. 그것은 행복한 삶을 살게 해 주는 방법이자, 우리의 관계를 더욱 단단하게 해 주는 기회입니다.

알츠하이머병 아내

한 남성이 손에 생긴 작은 상처를 치료하기 위해 동네 병원에 막 도착했다. 그는 좀 불안해보였지만 손에 생긴 상처나 통증 때문은 아닌 듯했다. 사실 그는 약속 시간에 늦을까 봐 노심초사하고 있었다.

그는 자신의 손을 치료하려는 간호사에게 근심 어린 얼굴로 말했다.

"제가 지금 중요한 약속이 있는데, 시간이 많이 지나고 말았습니다."

그러자 간호사는 안심하라는 듯 엷은 미소를 띠며 친절히 답했다.

"아, 네. 너무 걱정하지 마세요. 환자분 치료는 간단해서 단 몇 분이면 충분하답니다. 최대한 빨리 치료해 드릴게요."

조용히 치료를 받던 그는 다시 간호사에게 말했다.

"그런데 간호사님 제가 말한 중요한 약속이 무엇인지 궁금하지 않으세요?"

그리고 그는 간호사가 뭐라고 답하기도 전에 다시 말을 이어 나갔다.

"저는 매일 아침 같은 시각에 하루도 빠짐없이 성에밀리아 요양 병원에 가서 아내와 아침을 먹는답니다. 아내가 알츠하이머병을 앓고 있는데 그곳에 입원한 지 벌써 4년이 지났어요."

간호사는 아내를 생각하는 그의 지고지순한 사랑에 크게 감동하며 재빠르게 그의 상처를 치료했다.

"자, 치료가 끝났습니다! 이제 아내분을 뵈러 가셔도 됩니다. 음, 좀 늦었는데 아내분이 화를 내실까요?"

"아니요. 아내는 아마 화를 내지 않을 겁니다! 아내는 시간 개념이 없거든요. 지금이 몇 신지도 모르고 게다가 남편인 제 얼굴도 잘 몰라봅니다. 거의 1년 넘게 저를 못 알아봅니다."

그의 이야기에 간호사는 혼란스러운 표정을 지으며 되물었다.

"아내분이 알아보지도 못하고 시간 개념도 없으신데, 굳이 시간 맞춰 매일 아내분과 아침을 드실 필요가 있는지요? 여유를 가지고 조금 늦게 가도 괜찮지 않을까요?"

하지만 그는 간호사와 눈을 맞추며 아주 쉽고 간결하게 답을 했다.

"분명 아내는 제가 누군지 모릅니다. 하지만 저는 그녀가 누군지 아주 잘 알고 있지요. 그것만으로도 제가 아내와 한 약속을 지킬 이유는 충분하답니다!"

생각 넓히기

알츠하이머병을 앓는 아내를 헌신적으로 사랑하는 남편의 이야기는 우리의 눈물샘을 자극하기에 충분합니다. 이 예화는 우리가 맺는 관계에서 가장 이상적이고 지향해야 할 사랑을 보여 줍니다. 참사랑은 모든 어려움을 극복하며 시간과 공간을 초월합니다. 조건 없는 사랑은 두 사람의 영혼을 하나로 결합시켜 주고 그 어떤 어려움과 고통을 마주하더라도 변하지 않습니다. 참사랑은 상대를 선입견이나 편견 없이 있는 그대로 받아들이고 인정합니다. 참사랑은 상대의 내면을 바라보고 그의 단점까지 받아들입니다. 참사랑은 영원합니다.

사랑의 크기

한 무리의 수도자들이 수도원을 향해 걸어가고 있었다. 그들은 스승을 따라 가난한 이웃을 돌보고 오는 길이라 마음이 더없이 따뜻하고 평화로웠다.

한 제자가 이웃을 위해 오랫동안 일해 온 스승을 존경하는 눈빛으로 바라보다가 질문을 했다.

"스승님! 저도 스승님처럼 온 마음과 온 힘을 다해 사랑을 실천하는 수도자가 되고 싶은데 그럴 수 있을까요?"

제자의 말에 스승은 망설임 없이 대답했다.

"당연히 되고말고! 사랑은 세상에서 가장 위대한 덕이라네. 사랑보다 더 소중한 것은 없네. 사람들은 사랑을 주고받으며 살아가고 사랑의 힘으로 세상이 움직인다네."

"하지만 스승님, 저의 사랑은 스승님의 사랑만큼 그

렇게 크지 않습니다. 저의 사랑은 부끄러울 만큼 너무나 작습니다. 저의 사랑이 스승님의 말씀처럼 위대하고 소중하며 충만하고 엄청난 힘을 가진 사랑이 될 수 있을까요?"

"사랑하는 제자여! 자네 자신에게 한 번 물어보게나. 매일의 삶에 열정을 다하고 또 감동하며 살고 있는지 말이야. 지금 사랑을 하며 살고 있는지 아니면 사랑을 회피하며 살고 있는지 천천히 생각해 보게나. 사랑은 크기로 평가할 수 없는 것이라네. 사랑은 그저 사랑일 뿐이라네. 다리를 건설하기 위해서는 반드시 측량이 필요하지만, 사랑은 측량할 수 없는 것이라네. 그래도 사랑의 크기를 측정하고 싶다면 호수에 떠 있는 둥근 달이나 태양을 품은 바다를 바라보며 생각해 보게. 그들의 가치를 크기로 결정지을 수 있는가 말이야. 사랑은 말이야, 그저 단순하게 말하면 자신의 삶을 사랑하며 살아가는 것이라네."

생각 넓히기

사랑은 주는 만큼 커진다고 합니다. 우리는 누군가를 사랑하면 할수록 사랑받는다는 느낌을 갖게 됩니다. 사랑하면 할수록 사랑스러운 사람이 되고 그 사랑은 점점 더 강해집니다. 사랑은 마르지 않는 샘물과도 같고 한계 또한 없습니다. 사랑의 힘을 확인해 보고 싶다면 주변의 이웃에게 한 번 사랑과 친절을 베풀어 보세요.

우리는 많은 사람을 사랑할 수 있습니다. 우리의 어머니들 보십시오! 어머니들은 자녀들을 위해 모든 것을 다 바칩니다. 게다가 자녀가 하나든 둘이든, 설령 그 이상이든 따지지 않고 같은 사랑을 골고루 나누어 주고 엄청난 힘을 발휘합니다. 사랑을 여러 사람에게 골고루 나누며 쏟아부어 보십시오. 그렇게 하면 더욱 강하고 풍부한 사랑의 힘을 확인할 수 있을 것입니다.

내 마음속 사랑의 크기도 문득 궁금해지네요.

청년과 사랑

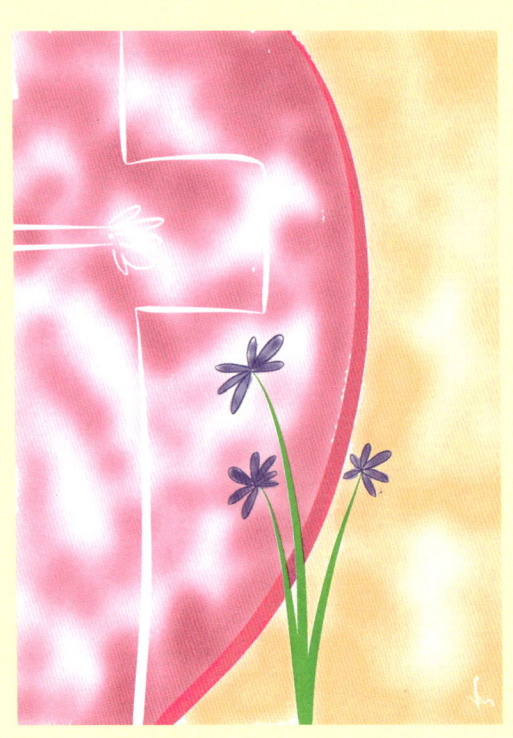

청년 베드로에게는 심각한 고민이 하나 있었다. 그것은 바로 사랑에 관한 고민으로 그는 나날이 머릿속이 복잡해져 괴로워하고 있었다. 그의 고민이 얼마나 깊은지 직장 생활에까지 나쁜 영향을 주며 그를 힘들게 했다. 그는 진지하게 사랑에 관해 생각해 보았으나 별 도움이 되지 않았고, 근심이나 걱정도 전혀 줄어들지 않았다.

그러던 어느 날도 어김없이 사랑의 고민에 빠져 길을 걷고 있던 베드로는 우연히 유명한 현자를 만났다. 베드로는 현자에게 자신의 속내를 털어놓았다.

"선생님, 제 꿈은 남들이 모두 부러워할 만큼 화목한 가정을 이루어 누구보다 행복하게 사는 것입니다. 그러기 위해서는 절대 변하지 않는 완벽한 아름다움을 지닌, 제가 온전히 사랑할 수 있는 여인을 만나야

하는데, 그런 사람을 어디서 찾을 수 있겠습니까?"

잠시 말을 멈춘 베드로는 간절한 심정을 담아 현자를 바라보며 계속 말을 이어 갔다.

"선생님, 제가 어떻게 하면 절대 변하지 않는 아름다운 여인을 만나 제 꿈을 이룰 수 있을까요?"

베드로가 자신의 고민을 털어놓는 동안 상복을 입은 어떤 부인이 그들 앞을 지나려다 현자와 눈이 마주치자 가던 길을 멈추고 현자에게 자신의 이야기를 전했다.

"저는 지금 막 아빠의 장례를 치르고 돌아오는 길이랍니다! 아직도 아빠의 죽음이 믿기지 않아요. 지금이라도 당장 아빠가 제 앞에 나타나 활짝 웃으며 울고 있는 저를 안아 주실 것만 같아요. 아빠가 너무너무 보고 싶어요! 아빠는 머리숱이 많지는 않았지만, 품위 있는 백발을 지니고 계셨어요. 아빠의 일생은 지혜로움으로 넘쳤고, 살면서 겪은 수많은 경험을 이야기하듯 얼굴엔 인자하고 온화한 인상의 멋진 주름들이 잡혀 있었지요. 언제나 폭넓은 안목으로 삶의 어려움들을 잘 헤쳐 나가셨어요. 아빠가 들려주던, 당신이 살아오면서 겪은 멋지고 신나는 인생 이야기들을 이제 더는 아빠의 목소리로 들을 수 없다는 사실이 저를 너무 슬프게 해요. 가족들을 위해 일하느라 굳은살이 박인 투박하지만 따뜻했던 아빠의 손을 이제 더는 잡을 수 없겠죠!"

주의 깊게 부인의 이야기를 들은 뒤 현자는 고개를 돌려 베드로에게 말했다.

"이보게 젊은이! 이제 자네가 그리도 고민하던 참사랑이 무엇인지 알겠는가? 참사랑은 영원한 것이지, 외형적인 조건에 따라 변하는 것이 아니라네. 참사랑은 몸과 마음, 영혼까지 상대에게 주는 것이지. 이제 인간이 사랑하는 데 가장 중요한 것이 무엇인지 알겠는가? 상대방의 성품과 됨됨이, 인간 내면의 아름다움을 볼 수 있는 눈이 있어야 한다네. 참사랑은 서로의 내면을 알아 가고, 서로를 배려하며 함께 만들어 가는 것이라네."

생각 넓히기

안타깝게도 겉모습만 중요시하는 현대 사회의 아름다움에 대한 기준이 우리를 외모 지상주의로 몰아가고 있습니다. 기이하게 여겨질 만큼 지나친 다이어트 열풍도 그중 하나입니다. 어느 순간부터 외적인 부분만 중요시하는 사회 현상 때문에 많은 사람들이 내적인 아름다움이나 사랑에 대한 가치를 잃어버린 것 같습니다. 어쩌면 외모만으로 사람을 헤아리고 평가하려는 세태로 인해 많은 현대인들이 우울함이나 불만, 의욕 상실과 허무함 등의 감정에 자주 잠기게 되는 것은 아닌지 모르겠습니다. 우리가 외모 지상주의와 같은 사회의 잘못된 경향은 따르면서 우리 내면의 아름다움은 찾지 않는다면 진정한 행복과 꿈은 영원히 만날 수 없을 것입니다.

　영원히 변하지 않을 아름다움을 가질 수 있는 방법은 내면의 아름다움을 가꾸는 것입니다! 내면의 아름다움은 세월이 흘러도 변하지 않습니다. 내가 이 세상을 떠난 뒤에도 많은 사람들은 나의 따뜻하고 자상했던, 그들을 사랑스러운 눈길로 바라봤던, 아름다운 삶을 살았던 나의 모습을, 나의 마음을 기억해 줄 것입니다. 우리 모두 진정한 아름다움이 무엇인지 다시 한 번 생각해 봅시다!

왕의 후계자

유럽에는 사람들의 입에서 입으로 전해 내려오는 아주 오래된 전설이 있다. 어떤 한 왕이 나라를 풍요롭게 하고 백성들의 존경을 한 몸에 받으며 살았다고 한다. 그런데 백성들과 행복하게 살던 그 왕에게도 한 가지 고민거리가 있었는데 왕위를 물려 줄 왕자가 없다는 것이었다. 왕은 오랫동안 자신의 뒤를 이을 왕자를 얻기 위해 많은 노력을 했지만 아무런 소용이 없었다. 그러던 중 왕은 자신의 생명이 얼마 남지 않음을 직감하고 왕국의 미래를 심각하게 걱정하기 시작했다. 혹시 후계가 결정되지 않은 채 갑자기 자신이 죽으면 나라가 혼란에 빠지거나, 왕의 자질을 갖추지 못한 이가 왕이 되어 백성들을 고통 속에 몰아넣을까 두려웠던 것이다.

  고민에 고민을 거듭하던 왕은 마침내 그동안 자신이

쌓아 왔던 지혜를 총동원해 결단을 내렸다. 그리고 전국 방방곡곡에 왕명이 전달되었다. 그 명은 다음과 같았다.

"이 나라의 혼인하지 않은 모든 청년들에게 짐과 알현할 영광된 기회를 베풀 것이니, 한 명도 빠짐없이 왕궁으로 오도록 하여라. 이 자리는 짐의 뒤를 이어 보위를 잇는, 나라의 새로운 임금을 뽑는 시험의 자리가 될 것이다."

왕이 새로운 임금이 될 젊은 후보자들에게 원하는 것은 단 한가지였다. 신을 공경하고, 백성들을 사랑하는 것, 특히 신분의 높고 낮음에 상관없이 백성들을 사랑하는 것이었다.

그러던 어느 날, 왕의 명이 적힌 글을 작은 시골 마을에 사는 한 젊은이도 읽게 되었다. 그는 왕의 글을 읽고 또 읽었다. 그의 가슴이 벅차오르기 시작했다. 짧은 삶을 살아온 그였지만, 나름 최선을 다해 성실히 살아왔다. 그는 신을 경외했으며 이웃에게 늘 사랑을 베풀었고 친절했다. 젊은이의 가슴속에 이 엄청난 왕의 초대에 응하고 싶다는 갈망이 피어오르기 시작했다. 하지만 이내 착한 젊은이의 얼굴은 어두워졌다. 당장이라도 왕궁으로 달려가 왕을 만나고 싶었지만, 어려운 이웃들을 돕느라 가난했던 그에게는 왕궁에 입고 갈 제대로 된 옷 한 벌이 없었다. 게다가 왕궁은 그의 집에서 멀리 떨어져 있어 도착하려면 수십 일이 걸릴 텐데, 젊은이는 그 먼 길을 갈 여비조차 없었다. 그런데 뜻밖의 기적이 일어났다. 젊은이의 딱한 사정을 전해 들은 이웃과 친구들이 그를 돕기로 했다. 그들은 돈을 조금씩 모아, 그 젊은이를 위해 왕궁에 입고 갈 격식에 맞는 옷과 여행 경비를 마련해 주었다. 마침내 이 젊은 청년은 왕궁으로 떠날 수 있었.

젊은이는 왕궁을 향해 가며 날마다 여러 마을을 둘러보면서 어쩌면 자신이 다스리게 될지도 모를 왕국의 아름다운 모습에 감탄하며 더욱 꿈을 키웠다. 그런데 왕궁에 거의 도착할 무렵 뜻밖의 일이 일어났다.

왕궁의 위엄과 찬란한 모습에 마음을 빼앗긴 것도 잠시, 차가운 길바닥에 주저앉아 구걸을 하고 있는 걸인을 만나게 된 것이다. 그가 걸친 것이라고는 다 해진 거적때기 한 장이 전부였고, 추위로 몸을 사시나무 떨듯 하며 사람들에게 배고픔을 하소연하고 있었다.

거지는 마음씨 착한 젊은이를 향해서도 손을 벌리며 당장에라도 쓰러질 것 같은 표정으로 말했다.

"제발, 이 못난 늙은이에게 자비를, 자비를! 너무 춥고 배가 고픕니다."

젊은이는 늙은 거지의 모습에 가여운 마음을 참지 못하고, 저도 모르게 마을 사람들이 어렵게 마련해 준, 왕을 만나기 위해 새로 산 값비싼 옷을 벗어 그에게 입혀 주었다. 그리고 여행 동안 먹으려고 남겨 둔 빵 한 조각을 꺼내 기꺼이 늙은 거지에게 주었다.

거지는 행복한 표정으로 빵을 게걸스럽게 먹으며 다행히 정신을 차리는 것 같았다. 그 모습에 젊은이도 행복한 미소를 지었다. 하지만 그에게는 고민이 생기고 말았다. 왕궁에 거의 다 왔지만, 왕궁에 들어가야 할지 아니면 그만 포기하고 마을로 돌아가야 할지 결정을 내려야 했던 것이다. 왜냐하면 거지에게 옷을 주어 이제 젊은이는 왕을 알현할 때 입을 옷이 없었고 행색은 볼품없이 초라했기 때문이다. 젊은이는 오랫동안 고민을 하다가 일단 성 안에 들어가기로 결심했다. 왕궁에 도착한 이상 물러설 수 없다는 생각에서였다.

왕궁으로 들어가려던 젊은이는 초라한 모습에 몇 번이나 병사들에게 쫓겨날 뻔했지만, 다행히 성 안으로 들어갈 수 있었다.

드디어 왕을 알현하는 순간 젊은이의 심장은 요동치기 시작했다. 그런데 왕과 얼굴을 마주한 젊은이는 당황하고 말았다. 왕의 얼굴은 어디서 본 적이 있는 것처럼 너무나도 낯이 익었기 때문이었다.

"폐하! 송구하오나, 혹 전에 소인을 만나신 적이 있는지요? 폐하의 얼굴이 낯설지 않고 익숙하여 감히 여쭙니다."

청년의 물음에 왕은 고개를 끄덕이며 대답했다.

"그렇다. 우리는 만난 적이 있다!"

"하오나 소인은 태어나 오늘 처음 이곳 왕궁에 왔습니다. 그런데 어디서 제가 폐하를 뵐 수 있었을까요?"

"조금 전 왕궁 앞에서 만나지 않았더냐? 난 걸인으로 사람들에게 구걸을 하고 있었고, 그대는 옷을 벗어 나에게 주었지."

"네? 폐하께서 그 걸인이었단 말입니까? 저는 그저 낯익은 모습에 여쭈어 본 것인데…. 하온데 어찌하여 걸인으로 변장까지 하여 저같이 미천한 이에게 도움을 청하신 것인지요?"

젊은이의 말에 왕은 엷은 미소를 머금고 대답했다.

"나를 대신하여 보위를 이을 자를 직접 눈으로 확인하고 택하고 싶어서 그렇게 했지. 거지 인 나를 보고 도와주는 사람이라면 그는 진정 신을 사랑하고 사람들을 사랑하는, 참으로 백성을 사랑하는 자일 테니 말이다. 내가 만약 왕으로 그대에게 도움을 청했다면 그대뿐만 아니라 모든 사람들이 나서서 나를 도우려 했을 테지. 그랬다면 그대의 진정한 마음도 알 수 없었겠지. 세상 모든 사람이 가장 업신여기는 걸인으로 변장했기에 그대의 아름다운 마음을 볼 수 있었다. 그렇게 나는 그대가 이 나라를 다스리기에 부족함이 없는 사람이라는 확신을 얻었으니, 이제 나의 후계자가 되어 보위를 잇도록 하라!"

생각 넓히기

이 예화는 참사랑에 관한 것입니다. 참사랑을 사는 사람은 만나는 사람이 누구든 그 사람을 선입견이나 편견 없이 대합니다. 그리고 그 사람의 외적 조건을 특별히 중요하게 생각하지도 않습니다. 참사랑을 사는 사람은 이웃의 행복을 바라고 이웃의 기쁨을 함께 기뻐합니다.

또 이 예화는 젊은이의 내면 깊은 곳에 있는 진실한 마음을 보게 합니다. 젊은이의 행동은 어떠한 보상을 바란 것도, 무슨 의도가 있었던 것도 아니었습니다. 단지 순수함이었고 선물이었으며 선 자체였습니다. 지혜로운 왕의 시험을 통해 젊은이의 겸손함과 선함이 드러났고 그의 충만한 사랑을 확인할 수 있었습니다. 만약 이 젊은이처럼 왕의 시험이 우리 앞에 주어진다면 과연 어땠을까요?

사랑의 노래

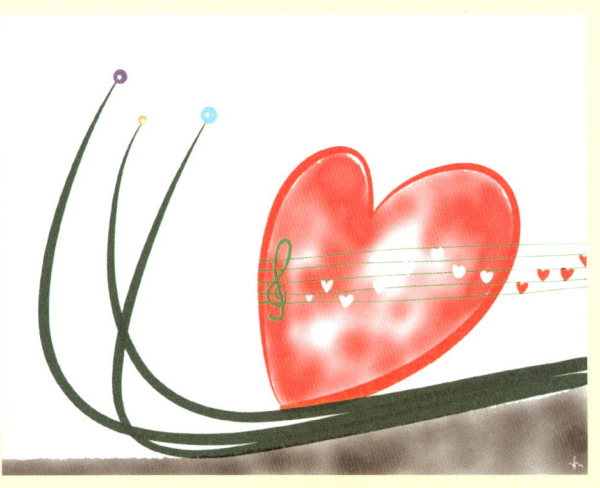

줄리아는 배 속에 어여쁜 아기를 가진 임산부로, 그녀에게는 이미 안나라는 네 살짜리 귀여운 딸이 있었다. 줄리아는 소꿉장난을 하고 있는 안나를 사랑스러운 눈길로 바라보다 천천히 옆으로 다가갔다. 그리고 앞으로 태어날 아기에 대해 안나가 놀라지 않도록 설명하고 가족들에게 어떠한 변화가 생길지도 이야기해 주었다. 안나는 줄리아의 말을 듣고 나서 이것저것 궁금한 것을 물었다. 그 뒤 안나는 매일 줄리아의 배를 만지며 이 귀엽고 작은 동생을 챙기기 시작했다. 엄마의 배에 귀를 대고 아기의 소리를 듣거나 노래를 불러주며 자신이 아는 여러 가지 이야기를 들려주었다.

어느덧 줄리아가 아이를 낳을 때가 되었다. 진통이 시작되자 줄리아는 병원으로 옮겨졌다. 첫 진통은 5분마다, 두 번째는 3분마다 찾아왔다. 그리고 마지막에는 1분마다 진통을 겪게 되었다. 그런데 뜻밖의 상황이 벌어졌다. 진통이 시작된 후 줄리아와 아기의 상태가 급격히 나빠지기 시작했다. 산모와 아이를 살리기 위해 의료진이 숨 가쁘게 움직였다. 결국 줄리아는 자연 분만이 아니라 몇 시간에 걸친 제왕 절개술로 아이를 출산하게 되었다. 하지만 그들의 고통은 거기서 끝나지 않았다. 산모는 다행히 몸을 회복하고 있었지만 힘겹게 태어난 아기의 상태는 좋지 않았다. 아기는 신생아 중환자실로 옮겨졌는데, 시간이 지날수록 상태가 호전되기는커녕 점점 악화되었다. 담당 의사는 결국 아기의 부모에게 슬픈 소식을 전해야만 했다.

"죄송합니다! 최선을 다했지만 저희로서는 더 이상 어쩔 도리가 없는 것 같습니다. 마음의 준비를 하셔야 할 것 같습니다. 아기가, 아기가 편안히 떠날 수 있도록 두 분이 잘 도와주십시오."

줄리아와 그녀의 남편은 가슴이 무너지는 심정으로 아직 살아 있는 아기를 위한 눈물의 장례식을 준비해야 했다. 불과 며칠 전만 해도 온 가족이 아기방을 예쁘게 꾸미고 함께할 날들을 상상하며 행복해했는데, 지금은 아기의 장례식을 준비하는 절망적인 상황에 놓인 것이다.

아기의 상태가 점점 나빠지는데도 안나는 동생을 만나게 해 달라고 졸랐다.

"나도 아기가 보고 싶어요! 내 귀여운 동생이 보고 싶단 말이에요!"

아기가 신생아 중환자실에 들어간 지 3주째에 들어서고 있었다. 의료진은 아기가 토요일을 넘기기 어려울 것이라고 이야기해 주었다. 이런 상황을 알 리 없는 안나가 계속 고집을 부려, 줄리아 부부의 마음을 더욱 아프게 했다. 게다가 병원 규정은 안나처럼 어린 아이는 중환자실에 들어가는 것을 허락하지 않았다. 하지만 동생에게 꼭 해 주고 싶은 것이 있다는 안나의 부탁에 줄리아 부부는 아기가 세상을 떠나기 전에 아기의 누나가 동생을 한 번이라도 만날 수 있게 해 달라고 병원 측에 요청했지만 병원에서는 규정을 들어 완강히 거부했다.

하지만 매일 포기하지 않고 찾아오는 줄리아 부부와 안나의 모습에 담당 간호사는 짧은 시간이지만 안나가 아기를 만날 수 있게 도와주었다.

"아주 잠깐만이에요! 저도 그 이상은 어려우니까 빨리 보고 나오셔야 합니다."

안나는 동생을 볼 수 있다는 생각에 행복해하며 부모와 함께 중환자실로 들어갔다. 그리고 안나는 희망의 끈을 놓지 않고 치열하게 싸우고 있는 아기를 만날 수 있었다. 아기는 산소 호흡기를 한 채 작은 배를 움직여 불규칙한 거친 호흡을 하고 있었고, 가녀린 몸에는 여러 개의 주삿바늘이 꽂혀 있었다.

안나는 조심스레 아기에게 다가갔다. 그리고 물끄러미 바라보다가 속삭이듯 이야기했다.

"안녕! 나는 네 누나인 안나라고 해. 그리고 너는 내 동생이고…."

잠시 말을 멈추고 아기를 바라보던 안나가 다시 말을 이어 갔다.

"너에게 꼭 해 주고 싶은 게 있어서 왔어."

그리고 안나는 노래를 부르기 시작하였다.

"넌 나의 태양! 너는 나의 유일한 태양! 하늘이 어두워졌을 때도 너는 나를 행복하게 해 주었어…."

그때였다. 아기가 안나의 노래에 반응하듯 살짝 움직였다. 그리고 잠깐이지만 아기의 맥박과 호흡이 정상으로 돌아왔다. 그 모습에 줄리아는 놀란 채 안나에게 말했다.

"안나! 계속 노래를 불러 주렴. 계속!"

"천사 같은 아가야! 너는 잘 모를 거야, 내가 너를 얼마나 사랑하는지. 부탁할게! 아가야, 나의 태양이 없어지면 어떡해! 가지 마…."

안나의 노래에 아기는 다시금 맥박과 호흡이 안정되고 있었다. 감격한 줄리아가 안나에게 말했다.

"어서! 계속해, 안나."

"어느 날 밤 아가야, 나는 꿈을 꾸었단다. 네가 내 팔 안에서 잠들어 있었지…."

어느새 줄리아 부부의 눈에서는 눈물이 흐르기 시작했다. 아무것도 모를 것이라고 생각했던 안나는 모든 것을 알고 있었다. 동생이 아프다는 것과 어쩌면 자신들 곁을 떠날지도 모른다는 사실 등을 말이다. 그래서 안나는 동생을 만나 얼마나 자신이 그를 사랑하는지 그리고 떠나지 않기를 바라는지 노래로 전해 주고 싶었던 것이다.

"넌 나의 태양! 너는 나의 유일한 태양! 하늘이 어두워졌을 때도 너는 나를 행복하게 해 주었어…. 부탁할게! 아가야, 나의 태양이 없어지면 어떡해, 가지 마!"

다음 날 기적 같은 일이 벌어졌다. 병원 전체가 한바탕 난리가 났다. 아기가 건강을 되찾고 모든 수치가 정상으로 돌아온 것이다. 아기는 자신이 살아났다는 사실을 알기라도 한 듯이 모두에게 방긋방긋 웃음을 지었다. 의사들도 기적 같은 일이라며 서로 이야기하기에 바빴다. 사랑하는 동생이 떠나지 않기를 바라는 누나의 간절한 마음이 아기를 살린 것이다.

 며칠 뒤 줄리아 부부와 안나는 건강해진 아기를 안고 무사히 병원을 나올 수 있었다. 사랑으로 일구어 낸 기적으로 네 식구의 행복한 삶이 시작되었다.

생각 넓히기

이 예화가 실제 일어난 일인지 궁금해하는 분들이 계실지도 모르겠습니다. 네! 놀랍게도 실제로 있었던 사랑이라는 아름다운 기적입니다. 이 예화가 전하는 감동적인 메시지에 관심을 기울여 봅시다. 가족의 사랑을 이해하지 못하면 믿기지 않는 이야기입니다. 서로 사랑하는 사람들 사이에서 일어나는 교감은 긍정적 에너지와 함께 엄청난 시너지 효과를 일으킵니다. 어쩌면 자신의 삶 안에서 이러한 시너지 효과를 직접 체험했거나 주위 사람들 중에 이를 통해 삶의 어려움을 극복한 경우를 본 적도 있을 것입니다. 진심으로 사랑하면 상대방이 더 잘되기를, 행복하기를 바라게 됩니다. 이 긍정적 에너지는 기적도 일으킵니다. 사랑의 긍정적 에너지는 삶을 더욱 풍요롭게 하고 따뜻한 행복으로 넘쳐나게 합니다.

  나의 말과 행동에 사랑이 담겨 있을 때 어떤 일이 벌어질까요? 우리의 삶은 사랑이 주는 긍정적 에너지로 매일 기적이라는 아름다운 열매를 맺을 것입니다. 따뜻한 포옹이나 눈빛, 정다운 인사와 진심이 담긴 말, 마음을 전하는 노래와 한 편의 시 등등 우리가 표현할 수 있는 사랑의 방법은 다양합니다. 정말 중요한 것은 사랑을 표현하는 것입니다. 사랑을 표현할 기회가 찾아오면 절대 놓치지 마십시오.

빨간 일기장

금방이라도 소나기가 쏟아질 듯 먹구름이 잔뜩 낀 날이었다. 습기 진득한 공기를 내뿜는 우중충한 날씨는 루이스의 기분을 더 깊이 가라앉게 했다. 루이스는 저도 모르게 한숨을 내쉬었다. 그때였다. 갑자기 현관 벨 소리가 그의 신경을 거스르며 날카롭게 울렸다. 비 오는 날을 싫어하는 그였지만, 오늘은 유독 모든 것이 마음에 들지 않았다. 문 밖에는 우체부가 무뚝뚝한 얼굴로 서 있었다. 그는 루이스에게 전보를 건네고 가 버렸다.

"전보라니 뜻밖이군!"

루이스는 최근 몇 년 동안 전보를 받아 본 적이 없어 생소한 기분에 고개를 갸우뚱거렸다. 그는 천천히 전보 내용을 읽어 내려갔다. 그의 표정이 일순간 굳어졌다. 그는 다시 한 번 전보의 내용을 또박또박 읽어 내려갔다.

'네 아버지가 돌아가셨다. 장례는 28일 오전 11시. 부디 늦지 않기를. 엄마가.'

한동안 멍하니 서 있던 루이스는 무덤덤하게 전보를 접어 서랍장 안에 밀어 넣었다. 무표정한 그의 얼굴에는 아버지의 죽음에 대한 어떤 슬픔이나 애도의 감정도 드러나지 않았다. 실제로 그의 감정은 '아무 관심 없다'였다. 모르는 사람의 죽음을 접했을 때처럼 말이다.

루이스는 열아홉 살 성인이 되자마자 집을 나왔다. 그에게 아버지는 아무런 가치 없는 존재로 단지 그에게 가장 큰 상처와 아픔, 분노를 준 사람이었다. 그 후 몇 번 집에 가기는 했지만, 그저 옷가지와 필요한 자기 물건들을 챙겨 오기 위해서일 뿐, 볼일을 마치면 도망치듯 재빨리 집을 나왔다. 그리고 고향을 떠나 대도시에 정착한 이후로 다시는 부모님 집을 찾지 않았다. 그에게 집이란 슬픔과 아픈 기억으로 가득 찬 되도록이면 멀리멀리 떠나고 싶은 곳이었다.

아버지의 부고는 그렇게 떠나온 과거로 다시 루이스를 불러들이고 있었다. 어머니가 아들에게 도움을 청하고 있었고, 루이스는 집안의 유일한 자식이었다. 그 이유가 루이스를 어떻게 행동해야 할지 고민하게 했다. 아버지의 장례식에 가고 싶은 마음은 조금도 없었지만, 어머니의 부탁을 외면할 수는 없었다. 어머니는 오롯이 루이스를 사랑했기 때문이다.

루이스는 곧 짐을 챙겨 터미널로 향했다. 버스표를 끊고 자리에 앉은 루이스는 창밖으로 지나가는 풍경들을 바라보며 깊은 생각에 잠겼다. 집으로 가는 길이 그에게 과거를 회상하게 했다. 어느덧 루이스는 아버지와 멀어진 이유에 대해 생각하고 있었다. 아버지와의 사이가 최악으로 치달으며 심한 말다툼을 한 날, 결국 루이스는 참지 못하고 집을 뛰쳐나왔다. 가출을 한 그때는 먹구름이 잔뜩 낀 비가 부슬부슬 내리는 어느 늦은 밤이었다.

열아홉 살의 루이스는 살기 위해 세상에서 생존하는

법을 빠르게 터득해 갔다. 그리고 어느덧 직장도 얻고 사랑하는 여인을 만나 세상에서 가장 귀여운 아들도 낳았다. 그렇지만 부모와의 관계는 달라지지 않았다. 어머니 생신이나 새해 첫날, 성탄절 등에 전화로 짧은 안부를 묻는 것이 전부였다. 두말할 필요 없이 루이스가 떠난 집안은 휑하니 쓸쓸했다.

집을 나온 열아홉 살 이후로 루이스는 가족과 인연을 끊고 산 것이나 다름없었다. 루이스는 아버지에 관해서는 어느 것도 떠올리고 싶지 않았다. 아버지에 대한 기억이라고는 그의 마음을 짓누르는 것들뿐이었다.

어느새 버스가 고향에 도착했다. 버스에서 내린 루이스는 아버지의 장례식에 가기 위해 교회로 향하였다. 세월이 흘렀지만 고향은 그리 달라진 것 없이 평온하고 소박한 동네 그대로였다.

장례식장에 도착하자 울고 있는 어머니가 보였다. 장례식에 참석한 사람이라고는 동네 사람 몇 명이 전부였다. 루이스가 어머니를 부르며 다가가자, 그녀는 곧장 루이스를 안고 흐느껴 울기 시작했다. 루이스는 입술을 꽉 다문 채 무표정한 얼굴로 그저 그녀의 등을 쓸어 줄 뿐이었다.

장례식이 시작되고 루이스는 죽은 아버지를 향해 다가갔다. 그의 아버지는 관습에 따라 하얀 장미로 장식된 관 속에 눈을 감은 채 누워 있었다. 루이스는 어떠한 마음의 동요도 일으키지 않았다.

장례식이 끝나고 하룻밤을 고향 집에서 보낸 루이스는 다음 날 바로 떠날 준비를 했다. 어머니와 헤어지면서 곧 아들과 아내를 데리고 다시 오겠다고 약속했다. 자신을 아프게 했던 아버지도 안 계시니 이제는 자주 고향 집에 내려올 생각이었다. 작별을 하고 루이스가 막 떠나려는데 어머니가 작은 봉투 하나를 건넸다.

"아버지가 너에게 남기신 거란다. 오래전부터 전해 주고 싶어 했는데 만날 수가 없으니, 어떻게 전해야 할지 난감해하시는 것 같았다. 아버지가 마지막으로 병원에 입원했을 때 꼭 너에게 전해 달라고 부탁하신 거란다."

 루이스는 아무 말 없이 봉투를 받아 들고 버스 터미널로 향했다. 버스 안에서 루이스는 봉투를 바라보며 생각에 잠겼다. 그리고 버스가 출발한 지 한참이 지나서야 아버지의 봉투를 열어 보았다. 그 안에는 일기장이 있었다. 오랫동안 사람의 손을 많이 탔는지 낡아서 너덜거렸다. 루이스는 조심스레 일기장을 펼쳤다. 그리고 단번에 누구의 일기장인지 알 수 있었다. 첫 장부터 아버지의 필체임이 분명한 글이 적혀 있었다.

 '1961년 2월 21일'

 루이스는 일기장에 쓰인 날짜가 자신이 태어난 날이라는 것을 알았다.

 '오늘 사랑스러운 나의 아들 루이스가 태어났다. 몸무게가 거의 4킬로그램이나 나가는 건강한 아이로, 아마도 세상에서 제일 사랑스럽고 잘생긴 아이일 것이다. 오늘은 내 인생 최고의 날이다! 사랑하는 내 아들 루이스가 태어난 날이니 말이다. 루이스가 나를 멋진

아빠로, 자랑스럽고 행복한 아빠로 만들어 주었다.'

루이스는 믿을 수 없다는 표정으로 일기장을 계속 읽어 나갔다.

'오늘은 자랑스러운 나의 아들 루이스가 처음으로 학교에 간 날이다. 이제는 정말 사내아이가 다 되었다. 그 모습이 얼마나 의젓하고 멋진지 가슴이 벅찼다. 오늘도 루이스만큼은 이 무능한 아비와 달리 멋진 인생을 살기를 바라면서 루이스의 앞날이 하느님의 축복 속에서 밝고 희망차기를 기도했다! 나는 아버지의 일을 돕느라 제대로 배우지도 못했지만, 내 아들 루이스만큼은 원 없이 공부하고 좋은 대학을 나와 꼭 성공했으면 좋겠다. 루이스의 앞날을 위해 나는 최선을 다할 것이다.'

루이스의 눈동자가 심하게 흔들리기 시작했다. 그는 떨리는 손으로 다음 장을 넘기고 있었다.

'오늘 루이스가 새 자전거를 사 달라고 졸랐다. 하느님께서 내 기도를 들어주셨는지 루이스는 정말 잘 자라 주었다. 우등생에다, 집안일도 잘 도와주는 착한 아이다. 그런 아들에게 자전거를 사 줄 수 없다니 마음이 무겁다. 내 월급으로는 당장 자전거를 사 줄 수가 없다. 공장에서 야근과 주말 근무까지 하면 아마도 루이스 생일 때는 자전거를 선물할 수 있을 것이다.'

　루이스의 두 눈에서 눈물이 떨어지기 시작했다. 루이스는 주먹을 움켜쥔 채 소리 죽여 울고 있었다. 자전거를 사 주지 않는 아버지에게 투정을 부리던 기억이 떠올랐다. 반 아이들 대부분이 가지고 있는 자전거를 왜 자신만 가질 수 없는지, 도대체 왜 자전거를 사 주지 않는지 아버지를 이해할 수 없었다. 루이스는 또래 친구들이 다 가진 자전거를 자신도 갖고 싶었다. 자전거가 없다는 이유로 아이들에게 놀림을 받고 싶지 않았던 것이다. 그리고 가능하면 멋진 자전거를 사서 다른 아이들에게 으스대고 싶었다.

　'오늘도 루이스는 내게 원망의 말을 내뱉었다. 자전거를 사 주지 못한 일이 아직도 루이스 가슴에는 원망으로 남아 있는 듯했다. 하지만 아내가 아파 병원에 입원을 해서, 어쩔 수 없이 루이스 자전거를 사려고 모아 둔 돈을 병원비로 쓸 수밖에 없었다. 아들에게 자전거 하나 사 주지 못하는 무능한 아비라니…. 내 속도 모르고 계속 어깃장을 놓는 루이스에게 나는 손찌검을 하고 말았다. 그 순간 가슴이 무너지고 세상이 내려앉았다. 내 심장에 칼을 꽂은 것처럼 가슴이 너무나도 아팠다. 아들이 내 마음을 조금이라도 이해하고 알아주었으면 좋겠다. 부족하고 못난 아비지만 이 모든 것이 자기를 위해서라는 것을, 그리고 그를 사랑하기에 그랬다는 것을 말이다.'

　루이스도 이날을 정확히 기억했다. 그가 열여섯 살이 되던 해였다. 그날 이후 그는 나쁜 친구들과 어울려 다니며 문제를 계속 일으켰다. 학교 수업도 자주 빼먹었고 공부도 하지 않았다. 학교에 가기보다는 친구들과 어울려 놀기에 바빴다. 아버지와의 관계는 더욱 꼬여만 갔다.

어느 날 루이스의 친한 친구 둘이 술을 먹고 오토바이를 타고 가다가 사고로 죽었다. 아버지는 그날부터 한동안 루이스의 외출을 금지했다. 그 일로 아버지를 향한 루이스의 반발은 더욱 커졌다. 아버지가 그를 걱정해서 하는 말들을 루이스는 철저히 외면했다. 아버지의 일기에는 그날 있었던 일들과 아들에 대한 걱정이 절절하게 쓰여 있었다. 사랑하는 아들이 심하게 사춘기를 보내며 방황하는 모습에 아버지는 몹시 걱정하며 마음 아파하고 있었다. 루이스는 이런 아버지의 마음을 그때는 전혀 알지 못했다.

루이스는 제대로 숨을 쉴 수가 없었다. 가슴은 먹먹해지고 눈물은 멈추지 않았다. 아버지의 고통과 애절함, 슬픔과 절망, 사랑이 고스란히 느껴졌다.

아버지는 루이스가 방황의 나날을 보내던 시기에 아들이 돌아오기를 기다리며 밤을 지새워 일기를 썼다. 슬프고 아픈 내용이었지만 아버지는 일기장을 소중히 간직하고 있었다. 무뚝뚝하고 내성적인, 표현이 서툰

아버지였다. 루이스는 아버지를 이해하지 못했다. 아버지가 얼마나 자신을 아끼는지, 얼마나 사랑하는지 알지 못했다. 아니, 아버지가 자신을 사랑하지 않는다고 생각하고 친구들에게 원망의 말들을 마구 쏟아 냈었다.

그리고 열아홉 살이 되던 해 어느 날 아버지와 심하게 다투고 결국 집을 나와 버렸다.

'오! 하느님, 제가 무슨 짓을 한 겁니까? 화가 난 루이스가 집을 나가 버렸습니다. 제 가슴이 찢어지는 것 같습니다. 지금 무슨 일이 벌어지고 있는지 잘 모르겠습니다. 저는 그저 아들이 잘되기를, 좋은 사람이 되기를 바랐습니다. 오, 하느님, 제발 부탁드립니다! 우리 아들이 무사히, 하루 빨리 집으로 돌아오게 해 주십시오! 그리고 제가 아들을 이해할 수 있게 해 주십시오. 저희 부자 사이가 좋아지도록 도와주십시오. 제 잘못을 용서해 주십시오!'

빛바랜 아버지의 일기장은 루이스에 대한 사랑과 그

리움, 자신의 잘못에 대한 자책과 후회, 아들이 무사히 집으로 돌아오기를 바라는 간절한 마음이 담긴 기도로 가득 차 있었다.

  루이스는 아버지의 낡은 일기장을 가슴에 안았다. 자신이 아버지에게 했던 거친 말과 행동들이 떠올랐다. 자기의 감정만 생각하느라 어느 것도 제대로 보지 못했다. 아버지의 생각을 묻거나 알려고 하지 않았다. 철없던 그는 반항심으로 가득 차 아버지를 오해하고 원망하며 삐뚤어져만 갔다. 그리고는 아버지와 어머니가 어찌 되든 상관하지 않은 채 집을 나와 버렸다. 세상에서 그를 가장 사랑하는 이들에게 큰 상처를 주었다. 독선과 오만이 모두를 아프게 했다는 것을 루이스는 이제야 깨달았다.

  루이스는 가슴이 터질 것만 같았다. 아버지가 너무나 보고 싶었다. 그리움에 눈물이 멈추지 않았다. 아버지가 살아 계시다면 당장에라도 달려가 죄송하다고 말하고 싶었다. 무릎을 꿇고 용서를 빌고 싶었다. 아버지가 살아 계시기를 이렇게 간절히 바랐던 적은 단 한 번도 없었다. 어린 시절의 미성숙함과 반항심으로 지금까지 살아온 것이다. 돌이킬 수만 있다면 모든 것을 되돌려 놓고 싶었다.

"아버지! 아버지!"

루이스는 버스에서 내리자마자 급히 어디론가 달려가기 시작했다. 그는 아내와 아들이 자신을 기다리고 있을 집을 향해 달렸다. 아들을 힘껏 안아 주며 사랑한다고 말해 주고 싶었다. 루이스는 아들에게만큼은 자랑스러운 아빠, 사랑이 많은 아빠, 좋은 아빠가 되고 싶었다. 그것이 돌아가신 아버지의 사랑에 대한 보답이자, 먼 훗날 또다시 안타까워하며 후회하지 않을 삶을 살아갈 방법이며, 소중한 아들에게 줄 수 있는 최고의 선물이기 때문이었다. 그리고 어머니에게 전화해 이야기할 것이다.

"어머니, 사랑해요!"

생각 넓히기

사실 우리는 종종 마음이나 감정을 표현하는 것에, 가족이나 이웃과 사랑을 주고받는 데 있어서 어려움을 겪기도 합니다. 우리는 생각하는 방식, 성향, 성격이 서로 다르기에 소통의 어려움은 당연하고 자연스러운 일입니다. 따라서 서로를 이해하기 위한 우리의 노력은 더욱 필요합니다.

시간은 우리를 기다려 주지 않습니다. 소중한 자녀와 남편, 아내, 부모와 친구에게 사랑을 아낌없이 표현하십시오. 용서해야 할 일이 있다면 망설이지 말고 용서해 주십시오. 누군가에게 잘못을 저질러 후회하고 있다면 그가 누구든 주저하지 말고 용서를 청하십시오. 나의 잘못과 나약함을 인정하는 것은 부끄러운 일이 아닙니다. 부끄러움은 진실을 외면하고 회피할 때 생깁니다. 헛된 자존심으로 스스로를 괴롭히거나 비겁해지지 않도록 항상 경계하십시오.

  인생을 가장 의미 있게 사는 방법은 서로 사랑하며 사는 것입니다. 하느님은 사랑으로 우리를 창조하셨고 예수님은 사랑 때문에 십자가에 못 박혀 돌아가시고 부활하셨습니다. 모두 후회 없이 서로 사랑하십시오!

군인

세상에는 많은 슬픈 이야기가 있다. 그중에서 가장 슬픈 이야기는 어쩌면 죽음에 관한 이야기가 아닐까 싶다. 반면 우리에게 용기와 희망을 샘솟게 하는 이야기도 있다. 다음 이야기도 바로 그런 이야기이다.

하늘에서는 폭탄이 떨어지고 땅에서는 총알이 빗발치는 가운데 섬광이 번쩍였다. 한 중대가 급습을 당해 적군에게 둘러싸였다. 즉각 퇴각 명령이 떨어지고 병사들은 뛰기 시작했다. 조금이라도 늦었다면 중대 전체가 전멸할 수 있었던 위험한 상황이었다. 그때 막사를 빠져나와 도망치던 조앙이 자신의 전우이자 친구인 필립이 보이지 않는다는 사실을 알게 되었다. 조앙은 중대장에게 필립을 구하러 가겠다고 강하게 요구했지만 중대장은 단호히 거절했다.

"허락할 수 없다. 조앙 일병!"

"중대장님, 필립 일병을 반드시 구해 오겠습니다!"

"안 된다고 하지 않았나! 이 상황에 자네 목숨을 걸고 필립 일병을 구하러 가겠다는 것이 말이 된다고 생각하나? 나는 너마저 적에게 죽게 할 순 없다. 그러니 단념해!"

그러나 조앙은 중대장의 명령을 어기고 화염이 치솟는 막사로 되돌아갔다. 중대장이 초조한 마음으로 조앙이 돌아오기를 바라며 기다린 지 2시간, 조앙이 마침내 죽은 필립을 업고 나타났다.

화가 난 중대장이 조앙에게 소리쳤다.

"자네가 목숨까지 걸고 죽은 필립 일병을 데리고 온 것이 도대체 무슨 의미가 있나?"

"중대장님, 당연히 제게는 큰 의미가 있었습니다! 필립 일병은 제가 도착했을 때 아직 숨이 붙어 있었고 웃으며 제게 '난 내 가장 친한 친구 조앙이 나를 구하러 와 줄 거라 믿고 있었어. 고마워 친구!'라고 말해 주었습니다."

부상이 심해 당장 쓰러질 것 같은 조앙은 그래도 행복한 미소를 지었다.

생각 넓히기

참다운 우정은 엄청난 가치가 있습니다. 친구가 없는 삶은 슬프고 무미건조하며 빛을 잃은 삶입니다. 친구는 하느님이 주신 귀한 선물이며 내 인생의 버팀목이 되어 주는 소중한 존재입니다. 친구가 내 아픔을 함께 나누어 짊어 줄 때 그 무게는 반으로 줄어드는 기적이 일어납니다. 친구는 어려움을 겪는 친구 곁에 머물며 친구를 위로하고 힘이 되어 줍니다. 친구는 서로 헐뜯고 불평하는 사이가 아니라, 서로 감싸 주며 응원하는 사이입니다. 친구는 서로의 부족함을 채워 줍니다. 친구는 서로 긍정적인 힘을 주며 서로의 인생을 이롭게 합니다.

  지금 우리 곁에는 평생 함께 늙어 갈 그런 친구가 있나요? 지금 내 곁에 그런 친구가 있다고 대답할 수 있다면 그것은 얼마나 큰 축복일까요!

  "난 내 가장 친한 친구 조앙이 나를 구하러 와 줄 거라 믿고 있었어. 고마워 친구!"